税收筹划方案解析

尉莺凡　张玲玲　徐晓慧　著

中国财富出版社

图书在版编目（CIP）数据

税收筹划方案解析/尉莺凡，张玲玲，徐晓慧著．—北京：中国财富出版社，2019.9

ISBN 978-7-5047-7005-9

Ⅰ.①税…　Ⅱ.①尉…　②张…　③徐…　Ⅲ.①税收筹划　Ⅳ.①F810.423

中国版本图书馆CIP数据核字（2019）第195958号

策划编辑　谷秀莉　李彩琴　　责任编辑　戴海林　孟　婷
责任印制　尚立业　　责任校对　孙丽丽　　责任发行　杨　江

出版发行　中国财富出版社
社　　址　北京市丰台区南四环西路188号5区20楼　　邮　　编　100070
电　　话　010-52227588转2098（发行部）　　010-52227588转321（总编室）
　　　　　010-52227588转100（读者服务部）　　010-52227588转305（质检部）
网　　址　http://www.cfpress.com.cn
经　　销　新华书店
印　　刷　河北景丰印刷有限公司
书　　号　ISBN 978-7-5047-7005-9/F·3154
开　　本　710mm×1000mm　1/16　　版　　次　2021年1月第1版
印　　张　10.25　　印　　次　2021年1月第1次印刷
字　　数　224千字　　定　　价　46.00元

前言

Preface

作为世界范围内的一个敏感话题，税收筹划近年来备受国际机构关注，微软、苹果等世界巨头公司在21世纪初通过多种手段巧妙地减少了税收，这似乎成为一种“时尚”。

税收筹划，指在法律法规允许的范围以内，通过对纳税主体经营活动、投资活动及理财活动的筹划和安排，从而获得节税效应。在税收概念不断渗透的市场经济环境下，税收筹划逐渐成为人们日益重视的一个话题，如何利用税收筹划降本增效，如何依据具体税法条款进行实际操作、最大化税后收益，是财务管理的一项重要课题。

在全球性经济增长全面放缓的大环境下，企业之间的竞争越发激烈，面临的形势也更加复杂多变，对于正处于快速发展阶段的我国上市企业来讲更是如此，资金短缺和较为严重的融资约束成为制约我国上市企业快速发展及可持续发展的关键问题，提升融通效率、充分发掘内部融资潜力成为提升企业绩效水平的有效途径。作为企业财务管理的重要构成，税收筹划能帮助企业实现更合理的内部资源配置，更合理的安排经营、生产与管理活动，进而在最大限度上降低企业的税负，为企业留存更多的自由现金流，使企业能有更多的资金投入到净现值为正的盈利项目中。同时，企业在法律允许的前提下对税收进行积极合理的筹划，不仅能为国家财政收入作出贡献，更是较好履行社会责任的具体体现，但在税收筹划过程中应充分加强企业内部控制的职能，避免管理层利用信息不对称将税收筹划所得利益进行私有化，进而损伤企业绩效水平的提升。

本书从以下几个章节介绍税收筹划：税收筹划概述、税收筹划思想及其发展、企业设立的税收筹划、投资决策的税收筹划、融资决策的税收筹划、采购活动和销售活动中的税收筹划、利润分配和薪酬激励中的税收筹划、资本交易中的税收筹划、生产活动中的税收筹划、税收筹划案例分析。本书认为，所谓的税收筹划，指纳税或扣缴义务人在既定的税制框架内，通过对纳税主体（法人或自然人）的战略模式、经营活动、投资行为、理财涉税事项等进行事先规划和安排，以达到节税、递延纳税或降低风险等目标的一系列税务规划活动。

本书以《企业会计准则》和最新税法为依据，借鉴经济学、管理学的最新研究成果，以企业经营管理流程为主线，结合大量综合性实践案例，系统阐述税收筹划的相关理论、方法和前沿发展。

作者

2019年1月16日

目录

Contents

第一章　税收筹划概述

第一节　微观视角的税收筹划

一、税收筹划的发展动态与国内外研究状况

（一）国外税收筹划发展动态与研究状况

1. 国外税收筹划的发展动态

从已有的文献记载中探讨国外税收筹划的起源，最早可以追溯到 19 世纪中叶的意大利，因为在那时，意大利的税务咨询业务中已存在税收筹划行为，意大利的税务专家地位不断提高，这可以看作税收筹划的最早萌芽。税收筹划的正式提出始于美国的财务会计准则，美国财务会计准则委员会（FASB）在《SFAS109：所得税的会计处理》中提出了“税收筹划战略（Tax - planning Strategy）”，并将“税收筹划战略”的概念表述如下：“一项目满足某种标准，其执行会使一项纳税利益或营业亏损或税款移后扣减在到期之前得以实现的举措。在评估是否需要递延所得税资产的估价准备及所需要的金额时，要考虑税收筹划策略”。SFAS109 的表述较为准确地说明了税收筹划与税务会计的关系，尽管现代税收筹划的边界远远超出了《SFAS109：所得税的会计处理》所定义的范围，但税收筹划始终是税务会计的重要组成部分。此外，有三件里程碑式的事件使税收筹划正式进入人们的视野。

其一，早在 1935 年，英国上议院议员汤姆林爵士针对“税务局长诉温斯特大公”一案的发言中对税收筹划就有所涉及：“任何一个人都有权安排自己的事业，如果依据法律所做的某些安排可以使自己少缴税，那么就不能强迫他多缴税。”这一观点得到了法律界的普遍认同，税收筹划第一次得到法律的认可，该判例成为奠定税收筹划史的基础判例。

其二，1947 年的法庭判决书中，美国知名大法官汉德有一段精辟的论述：“人们合理安排自己的活动以降低税负，是无可指责的。每个人都可以这样做，不论他是富人，还是穷人。纳税人无须超过法律的规定来承担国家税收。税收是强制课征

的，而不是自愿的捐款。以道德的名义来要求税收，纯粹是奢谈。”该判例成为美国税收筹划的法律基石。

其三，欧洲税务联合会于1959年在法国巴黎成立，当时其由5个欧洲国家的从事税务咨询的专业团体发起成立，后来规模不断扩大，其主要业务就是为纳税人进行税收筹划。

西方国家关于税收筹划的判例，多半出于“民本思想”的考虑，即为纳税人着想，更多地站在纳税人的立场上。随着社会经济的发展，国家干预经济活动越来越多，那么纳税人在进行税收筹划时，不可对国家的宏观调控造成过多的负面影响。

2. 国外税收筹划的研究状况

霍夫曼（Hoffman）很早就指出，税收筹划的研究文献大部分都关注于税收实务的具体操作层面。这在很大程度上是由税收筹划本身的特点决定的：研究者要使纳税人获得直接的税收利益，就必须时刻跟随纳税人的具体经营情况及相关税收法规。

著名经济学家、诺贝尔经济学奖得主迈伦·斯科尔斯认为，在错综复杂的税收筹划实务及其技术细节之中，隐含着税收筹划的一般规律。迈伦·斯科尔斯提出“有效税收筹划理论”，并阐述了该理论的三大特征。一是多边契约方法（Multilateral Approach）：企业在开展税收筹划时，必须考虑所有契约方的税收收益，筹划是基于多边关系的，而不应局限于单边利益；二是隐性税收（Hidden Taxes）的决策价值：企业在开展税收筹划时，必须考虑综合税收的衡量，而不仅仅是显性税收，隐性税收具有重要的实践意义；三是非税成本（Nontax Costs）的重要性：企业在开展税收筹划时，必须考虑所有成本，而不仅仅是税收成本。迈伦·斯科尔斯的税收筹划理论体现了一般均衡的战略思想，旨在建立一个透视税收规则如何影响税务决策、资产定价、资本结构和战略管理的理论框架，这在很大程度上促进了税收筹划理论的纵深发展。

（二）国内税收筹划发展动态与研究状况

1. 国内税收筹划发展动态

随着我国社会主义市场经济体制的逐步确立与发展，税收筹划渐渐进入国人的视野，起初被冠之以“合理避税”“节税”等称谓，后来“税收筹划”的称谓才正式固定下来。作为“舶来品”，税收筹划到20世纪90年代末期才逐渐被我国主流社会所接受。

回顾税收筹划在我国的发展历程，可能大家会有一个疑问：国内和国外税收筹划发展差别何以如此之大？究其根源，一是人们对税收筹划这一范畴的内涵（概念、性质和合法性等）没有形成一个正确的认识，将税收筹划与避税、逃税混为一谈，视其为非法行为；二是国民纳税意识淡薄，税务人员素质低下，对征纳双方的权利、义务理解不够透彻；三是由于我国长期处于计划经济体制之下，企业缺乏独立意义的法人地位和经济利益，不具备产生税收筹划的前提条件。

在建设社会主义市场经济和强调依法治税、阳光税收的今天，开展对税收筹划理论与实践问题的探索研究，无疑具有一定的理论价值和现实意义。

2. 国内税收筹划研究状况

我国已有的税收筹划研究大多停留在“就税论税、单边筹划”层面，很少考虑经济交易中其他交易方的利益及税收以外的影响（非税因素），更没有结合企业实务与经营战略思考税收决策问题。

按照研究思路可将研究者分为学院派和实务派。学院派从税收学原理出发，结合税制要素和税收原理分析税收筹划的基本方法和技术，致力于发现税收法规中存在的优惠性待遇或“漏洞”，学院派的研究内容偏向于税收筹划方法论的范畴，原理性强、逻辑严谨，能够启迪思维，但是它们与税收实务联系不够紧密，可操作性不强，在实务中往往需要结合具体情况进行验证。相反，实务派研究从一开始就注重税收筹划本身的可行性。他们从税收实务的角度出发探索可行的税收筹划操作；并从这些实际的税收筹划操作中总结出一些基本的规律和方法，可操作性强；但是它缺乏原理性分析和方法论基础，容易陷入一事一议的局限，特别是在税制变革时容易因税收政策变化而完全失效。

二、税收筹划的概念与争论

（一）税收筹划的争论

学术界对于税收筹划，存在着以下五种称谓：税收筹划、税务筹划、纳税筹划、税收策划、税收规划，其实这些说法并无本质差别，尤其是前三个概念基本上是混用的。国内对“Tax Planning”大多译为“税收筹划”，《中国税务报》开设的周刊也称为《筹划周刊》。但也存在不同的看法，盖地教授认为“税务筹划”与“税务会计”相对应，称为税务筹划对于纳税人来说更为妥帖。针对“税收筹划”与“税务筹划”的概念之争，黄凤羽认为：“从一个侧面说明了国内从事税收筹划研究的学者，所遵从的两种不同研究范式与分析线索。‘税收筹划’观点主要体现了以税收学中的税收管理和税收制度为基础的分析范式，‘税务筹划’观点主要代表了以会计学中的税务会计和财务管理为基础的研究思路。在某种程度上，二者体现了殊途同归的学术思想，这也是国内税收筹划研究‘百家争鸣、百花齐放’的发展趋势所使然，都是值得加以肯定的……循着研究传承的逻辑一致性，既然在‘Tax Planning’一词引入我国之初就将其译为‘税收筹划’，况且这种译法也没有什么不妥之处，并能够更好地体现纳税人减轻税收负担的中性结果，今后也不妨继续沿用约定俗成的规范用语。”

关于税收筹划主体，目前有“征纳税双方”与“纳税人一方”两种观点。税收筹划主体仅包括纳税人一方的观点是学术主流，大量的文献都支持这一观点。笔者认为，所谓的征税筹划其实是不存在的，只不过是征税计划或征税规划，即针对不同性质、不同表现的纳税人，税务机关采取不同的税收监控方式和征管模式，以实现税款征收管理的计划性和有效性。

（二）税收筹划的学科定位

关于税收筹划的学科定位及与其他学科的关系，学术界普遍认为税收筹划应归属于财务管理范畴，笔者也认同这一观点。税收筹划是财务管理的组成部分，税收筹划的目标与财务管理的目标应该一致。企业财务管理的目标是企业价值最大化，影响企业价值最大化及其计量的重要变量是现金流，而税收筹划的功能之一就是对现金流的管理功能，包括节约现金流、获得货币时间价值等。税收筹划与企业价值具有相关性，所以税收筹划是企业财务管理的重要组成部分。

企业税收活动离不开税务会计，税收征管依据企业的税务会计信息进行，进而也导致税收筹划对遵从税法的税务会计产生依赖；不以税务会计为依据，税收筹划是无法进行的。因此，税收筹划与税务会计相辅相成、交相辉映，形成一种交叉互补的依存关系。对于税务会计与税收筹划的关系，盖地教授有着精辟的见解：“在会计专业中，税务筹划可以不作为一门独立的学科，而是作为税务会计的组成部分。”查尔斯·T·亨瑞格等著的《会计学》中更是一语中的：“税务会计有两个目的：遵守税法和尽量合理避税。”其实，税收筹划是一门新兴的复合性、应用型学科，融财务学、会计学、税收学、法学、管理学知识为一体。税收筹划学科本身自成体系，所以许多学者还是倾向于把它单独作为一门学科。对于税收筹划与管理会计的关系，一些学者认为，税收筹划实际上也可归为管理会计范畴，因为它不仅有着涉税会计决策，而且给企业管理者提供许多有益的内部税务会计信息。

（三）税收筹划的概念

税收筹划的概念，可谓众说纷纭，目前尚难从各类文献和教科书中找出权威而统一的说法。下面是一些国内外学者的观点。

荷兰国际财税文献局编写的《国际税收辞汇》中是这样定义的：“税收筹划指通过纳税人经营活动或个人事务活动的安排，实现缴纳最低的税收。”

美国南加州大学W·B·梅格斯博士在与别人合著的《会计学》中，对税收筹划做了如下阐述：“人们合理而又合法地安排自己的经营活动，使之缴纳可能最低的税收。他们使用的方法可称之为税收筹划……少缴税款和递延纳税是税收筹划的目标所在。”另外，他还说：“税制的复杂性使得为企业提供详尽的税收筹划成为一种谋生的职业。现在几乎所有的公司都聘用专业的税务专家，研究企业主要经营决策上的税收影响，为合法地少纳税制定计划。”

唐腾翔、唐向在《税收筹划》一书中写道：“税收筹划是指在法律规定许可的范围内，通过对经营、投资、理财活动的事先安排和筹划，尽可能地取得‘节税’（Tax Savings）的税收利益。”

盖地在其所主编的《税务筹划》一书中，把税收筹划定义为：“纳税人依据所涉及的税境和现行税法，遵循税收国际惯例，在遵守税法、尊重税法的前提下，根据税法中的‘允许’‘不允许’以及‘非不允许’的项目和内容等，对企业涉税事项进行的旨在减轻税负，有利于实现企业财务目标的谋划、对策和安排。”

从上述观点来看，虽然税收筹划没有一个统一的概念，但大家存在一些共识，即税收筹划是在法律许可的范围内合理降低税收负担和税务风险的一种经济行为。本书把税收筹划定义为纳税人或扣缴义务人在既定的税制框架内，通过对纳税主体（法人或自然人）的战略模式、经营活动、投资行为、理财涉税事项进行规划和安排，以达到节税、递延纳税或降低税务风险等目标的一系列税务规划活动。

所以，对税收筹划的认识宜从多个角度去观察，从多个层面去理解，切忌呆板和僵化，正所谓“横看成岭侧成峰，远近高低各不同”。实际上，在税收征纳活动中，税收筹划是纳税人对税收环境的反应和适应，这种反应和适应不仅仅是减轻税负，还有降低纳税风险的要求。所以，纳税人应该分析中国税收环境的特征，掌握不同领域税收政策的差异，了解税务部门的征税信息，有针对性地开展税收筹划活动。毋庸置疑，纳税人的税收筹划行为也影响着税收制度的变迁。

第二节　宏观层面的税收筹划

一、税收筹划的宏观定位

税收筹划的本质是纳税人在税法许可的范围内，通过对经营和财务活动的合理筹划和安排，达到减轻税负、降低风险的行为。税收筹划具有两个特点：①税收筹划是在合法的条件下进行的，是在对政府制定的税法进行精细比较后进行的纳税优化选择，或者是在纳税义务没有现实发生以前就采取了一定的措施和手段，减轻或免除了纳税义务，使纳税义务并没有真实发生。②它符合政府的政策导向，从宏观经济调节来看，税收是调节企业市场行为的一种有效的经济杠杆，政府可以有意识地通过税收优惠政策，引导投资和消费行为的价值取向，使之符合政策导向。对纳税人而言，税收筹划在追求经济利益方面，是为维护、增加和扩大纳税人的既得利益，减少纳税数额，增加纳税人税后利润服务的。但要使企业主观的节税动机转化为现实的节税行为，使节税成为现实，还必须具备一定的客观条件，其中关键是税法、税制的完善程度及税收政策导向的合理性与有效性。税收法制体现着政府推动整个社会经济运行的导向，而在公平税负和税收中性的一般原则下，也渗透着税收优惠政策。税收优惠政策无疑为税收筹划提供了一定的客观条件。如果从单纯的静态意义上讲，税收筹划的确有可能影响短期财政收入。然而，税收筹划及其后果与税收法理的内在要求相一致，它不会影响或削弱税收的法律地位，也不影响或削弱税收的各种职能及功能，这种节税筹划行为完全是基于咖对社会经济规模和结构能动地、有意识地进行优化调整，这也正说明了税收筹划行为的实质是对税法立意宗旨的有效贯彻。

二、税收筹划的宏观环境及微观博弈

税收的存在对企业来讲有着直接或间接的约束。一方面，征税会增加税收负担，直接减少企业的净利润；另一方面，征税会导致企业现金流出，使企业现金流量匮乏，影响其偿债能力。纳税导致企业既得利益的损失，这是一种客观存在。纳税企业必然要考虑这样一些问题：既然纳税源于对社会共同利益的维护与保障，税收是调节市场经济运行的重要经济杠杆，政府利用税收杠杆能够在多大程度上给企业带来各种利益？如果这种积极作用的确能使纳税人的预期收到实效，并的确有助于提高其经济效益，纳税贡献大的企业会因此而强化市场竞争能力，推动后进企业强化纳税意识，淡化对纳税义务的抵触情绪。否则，企业以各种形式和手段对抗政府赋税的意识和行为就不可避免。同时，我们还看到，纳税会使企业承担投资扭曲风险、税款支付风险。在这种环境下企业会对宏观环境及其自身的行为取向进行博弈分析，寻求税收筹划的帮助，可以说这也是企业在复杂经济环境下的自然选择。

三、税收政策与税收筹划

税收政策是国家制定的指导税收分配活动和处理各种税收分配关系的基本方针和基本准则。税收政策是各种经济力量综合作用的结果，其基本目的包括为公共项目筹集所需资金、重新分配社会财富以及鼓励符合公众利益的经济行为等。因此，税收政策对不同的经济活动予以区别对待，如很多国家都对社会公益组织、文化教育、农业生产和产品出口等行为给予一定的税收优惠待遇，使其成为实现各项社会目标的有效工具，而这个工具能否奏效的前提正是企业的税收筹划行为。所以，税收筹划并非简单的零和博弈，而是帮助政府实现社会目标的一个有效工具，其成本往往低于政府直接参与经济行为的成本。

税收筹划的过程实际上就是税收政策的选择过程。国家的税收政策在不同的时期和不同的税收法律制度中有不同的表现形式与内容。如我国 20 世纪 50 年代对私有经济的改造时期，最重要的税收政策是“公私区别对待，繁简不同，工轻于商，各种经济成分之间负担大体平衡”；现阶段实行社会主义市场经济，特别强调公平税负、鼓励竞争的税收政策等。

不论税收政策的具体内容如何，就其经济影响方面的功能而言，大体上可归纳为四种主要类型。

（一）激励性税收政策

这种税收政策体现了国家的一种政策引导和税收激励。如增值税、消费税的出口退税政策；企业所得税、有关高新技术企业的税收优惠政策；创业投资企业投资中小高科技企业的投资抵免政策；个人所得税中的个人国债利息所得和国家奖励所得免税政策等。

（二）限制性税收政策

这种税收政策是国家基于产业调整、供求关系和实现社会目标等方面的需要而作出的税收限制。如消费税中的卷烟、粮食白酒等实行高税率，《中华人民共和国企业所得税法》（以下简称《企业所得税法》）规定在计算应纳税所得额时，赞助费、税收罚款、罚金、滞纳金等不得在税前扣除，个人所得税中对一次收入畸高的劳务报酬所得实行加成征税，关税中对需要限制进口的货物实行高税率等，都是限制性税收政策的体现。

（三）照顾性税收政策

这种税收政策体现了国家对某类纳税人的一些临时性或特殊性困难给予的照顾。如小型微利企业实行 20% 的低税率政策，残疾人提供劳务所获得的收入免税，企业因遭受严重自然灾害造成的财产损失可申请税前扣除。

（四）维权性税收政策

这种税收政策的目的是贯彻对等原则和维护国家的经济利益，同时也体现了税收的激励或限制政策。维权性税收政策主要存在于关税、涉外所得税与财产税中。如我国企业或个人赴境外投资或经营，对方国家对其征税；对方国家的企业和个人来我国投资或经营，我国也应对其征税。若国家之间签有避免双重征税协定，国外投资者在汇总纳税时可以抵免在我国已缴纳的税款；我国投资者汇总纳税时对来源于境外的所得已在投资国缴纳的税款也允许抵免。

针对上述四种类型的税收政策，开展税收筹划要主动响应激励性税收政策，尽量回避限制性税收政策，实施跨国投资前应事先对不同国家的税收政策进行认真研究。由于税收政策经常处于调整变化之中，开展税收筹划还必须掌握税收政策的精神实质和发展动态。

四、税收筹划与宏观调控

税收筹划与宏观调控存在一种相互依存的关系，一国或地区的税收制度处于主控地位，是一种自上而下的控制信息输入，经过纳税人这个处理器，产生两个输出信息参数：一是纳税人上缴给国家的税款；二是纳税人投入宏观经济运行的生产要素。由于税法的约束力，输入的税法信息能够控制税收结构、税额等数据输出。获取税款只是税收杠杆调节系统的辅助目标，促进经济增长是其主要目标。因此，必须设法控制生产要素的输出，这种控制要经过纳税人这一中间环节，其关键在于纳税人的生产积极性。系统中输出参数对输入参数的依存关系，取决于纳税人这个中间处理器的运行方式，而纳税人的处理原则之一就是努力减轻税负，实现税后净收益的最大化，即进行有效的税收筹划。在既定的税制框架下，纳税人往往面对一个以上的纳税方案，不同的纳税方案，其税负轻重程度往往是不同的。因此，纳税人开展税收筹划，选择不同的纳税方案，是实现国家税收经济调控职能的必要环节。

税收作为一种宏观经济调控手段，能否实现最终政策目标要受到诸多因素的共同制约，包括政策制定的科学性、传导机制的健全性、调控对象的反应性等。税收筹划是纳税人对国家税法做出的合理的、良性的反应，它能体现政府对某些行业或地区的鼓励政策，可以达到涵养税源、调节产业结构的目的，有助于社会经济资源的优化配置。这种通过纳税人自身的行为选择来达到的优化资源配置的效果，是市场经济条件下政府引导资源配置的主要方式，是国家税收经济调控职能的重要体现，对于宏观经济的稳定和产业结构的平衡有着非常重要的作用。

五、税收筹划与公平效率

企业的税收筹划活动能正确反映和体现政府的公平、效率政策倾向，是实现财政政策目标的手段之一。政府通过税收立法，调节某一行业或地区的纳税人在税收筹划过程中所能得到的利益，为纳税人提供弹性的纳税空间，即有选择地调节纳税人的“节税”能力，使纳税人在税收固定的基础上有一定的“节税”弹性。这种“节税”弹性是依靠纳税人的主观能动性和税收筹划能力才能转化为现实收益的。

“节税”能力的大小在不同纳税人之间的分布，体现出政府对公平、效率的选择，具体表现为两个层次。

第一个层次是税收范围内的公平、效率选择。若各项税收条款对所有纳税人具有普遍约束力，没有针对某些行业或地区的特定条款，纳税人具备相同的税收选择余地、相同的节税弹性，则是趋向公平的政策选择，反之为效率选择。

第二个层次是整个国民经济运行过程中的公平、效率选择。市场对资源配置发挥主导作用，经济增长与收入分配不公、地区差异过大、行业间发展不均衡并存。企业可支配的资源数量不同，决定其市场地位不同，从而决定着企业的抵御风险能力、盈利能力和核心竞争力。税收发挥调节职能，通过各税种合理搭配，赋予在市场中处于不利地位的小规模投资者、欠发展地区和低盈利行业纳税人较大的节税弹性，使这部分税收优惠能弥补由于市场不公平带给他们的损失。这就表现为税法通过调节企业税收利益从而实现对公平政策的选择；反之，进一步刺激优势部门和地区的发展，成为效率政策选择。

其中最为明显的表现就是税法能够大幅度调节企业税收的利益，并且秉持公平公正的原则；另外，税法更是大幅度地促进了有关地区和部门的发展，从而极大地满足了众多企业的利益。

税收筹划有助于调节经济，引导企业发展。企业税收筹划活动，从某一角度看，也是企业对国家税法和政府税收政策的反馈行为。如果政府的税收政策导向正确，税收筹划行为将会对社会经济产生良性的、积极的作用。可以说，正是由于税收对企业具有激励功能，才使得税收的杠杆作用得以发挥。在市场经济条件下，企业科学筹划，在税法允许的范围内降低自身的税收支出，可以增大自身的经营净收益、增强经济实力。正是由于企业具有强烈的节税愿望，政府才可能利用税收杠杆来调整纳税人的行为，从而实现税收的宏观经济管理职能。

第二章　税收筹划思想及其发展

第一节　税收筹划的战略思想

在现代社会经济实践中，战略管理日益凸显其价值。战略管理的本质是敏捷地识别和适应环境变化，为企业持续发展提供指导。战略管理决定着企业的现在和未来，决定着企业的兴衰和成败。其中，税收筹划是企业战略管理的重要组成部分，税收也随着经济的发展而日益成为战略管理中的关键性因素之一。

一、战略管理与税收筹划的关系定位

（一）战略管理与税收筹划的关系

1. 战略管理指导税收筹划

战略管理是首要的，税收筹划是为之服务的。税收筹划只有在战略管理的框架下才能充分发挥其作用，税收筹划对企业战略管理能够起到一定作用，但绝不可能起决定性作用。

2. 战略管理重视税收筹划

战略管理是从宏观角度看待问题的，它关注的是企业整体，战略管理不仅考虑税收对企业的影响，还考虑其他非税收因素对企业的影响。税收筹划是战略管理中的一个重要因素。

战略管理和税收筹划有着共同的目的，即都是从企业整体绩效出发，为股东创造最大价值。在实现这一目标的过程中，税收筹划明显带有长期战略的痕迹。当企业战略决策是否进入某个行业或某个市场时，考虑最多的是该行业或市场的潜力，而不是税收筹划。尽管也要考虑相关税收政策和税收筹划，但这些是附属的、次要的，即不能因为税收因素而改变企业的战略决策。这是一条重要的企业法则。

（二）企业战略——税收筹划的导向

企业战略是对企业的长期发展所作的全局性的总体谋划，其本质在于调整和变

革企业现有资源、配置等以适应未来环境的变化，实现企业价值创造和可持续发展。

在探讨企业战略与税收筹划的关系时，必须强调的是，企业战略是首要的，税收筹划是次要的，税收筹划只有在企业战略确定的情况下才能充分发挥其作用。当然，在某些条件下，税收筹划在确定企业战略时，能够起到一定作用，但绝不可能是决定性的作用，下面从多个角度分析其原因。

1. 市场超越一切

当企业决定是否进入某个市场时，考虑最多的不是税收筹划，而是该市场的潜力及企业能否在短期内占领这个市场。比如，许多外国投资者在考虑投资中国时，看重的并不是中国优惠的税率、优厚的待遇，而是广大的消费市场和广阔的发展空间。当然，优惠的税收待遇能够为投资者提供一个良好的竞争条件，但投资者有时为了扩大市场份额，很少考虑税收成本，甚至有的投资者为了达到一定目的，如扩大市场份额、击垮竞争对手、逃避政治经济风险以及获取一定的政治地位等，可能把投资由低税区转向高税区。

2. 税收筹划为企业战略服务

当企业决定是否进入某个产业时，主要考虑企业进入该行业后能否有长期的发展潜力。在决定是否进入某个行业时，企业首先要考虑清楚行业的供货方或原料提供者，即上游企业是一些什么性质的企业，与企业的相对位置如何等；其次要考虑企业的市场在哪里，下游企业是一些什么性质的企业，是垄断性的还是竞争性的；再次要考虑该行业的潜在进入者有哪些，构成的潜在威胁有多大；最后要考虑替代产品或替代服务有哪些，他们是否对本企业构成威胁以及潜在的威胁程度如何；至于税收筹划问题，则应列在这些因素之后考虑。因此，从这个意义上来说，企业战略是税收筹划的导向，税收筹划要为企业战略服务。

3. 企业战略目标决定税收筹划的范围

企业在考虑采取某项经营活动时，往往不是从税收筹划的角度出发的，虽然税收筹划能够渗透企业生产经营的每一个环节，但它并不是企业的首要目标，企业存在的唯一理由是能够盈利，能够为投资者带来收益，而不是能够少缴税款。因此，企业采取的某些政策措施，虽然从税收筹划的角度来说可能是不划算的，但符合企业的战略目标。如某些上市公司在不违反法律的条件下，采取推迟费用入账时间的方式以降低当期费用，这样筹划的结果是公司的本期利润增加，从而所得税款的缴纳也相应增多。但由于经营业绩变好，股票价格上扬提升了公司价值，这对公司来说是有利的。从这个意义上来说，税收筹划有其自身的局限性。

二、税收筹划的战略管理方法

税收筹划的战略管理是立足系统思维和超前思维的管理活动，这里讨论的税收筹划的战略管理，其核心内容是“税收链”，运用的管理方法是合作博弈。

（一）“税收链”思想及应用

1. “税收链”的含义

对于一个企业来说，所从事的经营活动是多种多样的，因此，在生产经营过程中面临的税收问题也是多种多样的，既有增值税等流转性质的税收，又有企业所得税和个人所得税等所得性质的税收，还有诸如房产税、资源税等其他性质的税收。如果从企业的生产经营过程来看，其主要活动分为供应、研发、生产、销售等环节，即企业先采购原材料，然后设计和研发产品，继而进行生产加工，最后到市场上销售产品。所有这些环节都创造价值或实现价值，因此从总体来看就构成了产品的价值链。在这条产品的价值链中，有一部分价值以税收的形式流入国库。企业所承担的税收，如果沿着价值流转的路径观察，也形成了一个链条，即所谓的“税收链”。“税收链”如图 2－1 所示。

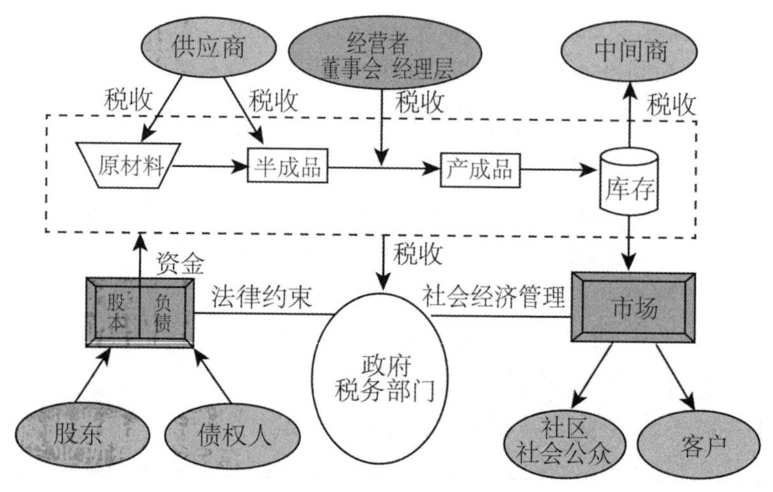

图 2－1　“税收链”

利用“税收链”有助于分析税收的形成过程与环节。对于企业来说，许多税收都是在流程中形成的，所谓税收的“流程观”其实也就是“税收链”思想。

2. “税收链”的应用

如果企业具有“税收链”的观念，就能够找到税收筹划的易胜之地，即与哪些利益相关者合作最有效、在哪个流程筹划最合适、哪些税种的筹划空间最大。基于“税收链”的企业税收筹划战略，必须树立一种系统思维观，从整体和全局出发，不能仅考虑局部环节的税收负担或个别利益相关者的税收利益，还应该视野更开阔，考虑到全部流程的税款支出及所有利益相关者的税收利益。

“税收链”思想要求企业从利益相关者的视角看问题，不仅要考虑企业自身的税收情况，还要从企业与利益相关者的交易在整个“价值链”上的位置来考虑，照顾到利益相关者的纳税要求，这样才能真正利用“税收链”彻底解决与利益相关者在交易中的税收问题。

【案例】某企业的“税收链”上有一家代理商，属于小规模纳税人，在代理产品时不能给终端客户开具增值税专用发票，于是在市场拓展方面一直存有障碍。从“税收链”角度分析，即使该代理商的价格（含税价格）比一般纳税人低，只要不低到一定程度，终端客户一般也不会购买。道理很简单，终端客户购买了该代理商的产品，却不能取得增值税专用发票，不能抵扣进项税额，这无疑会增加终端客户的税收负担。

案例解析：如果企业能够从“税收链”的角度考虑代理商的利益，就能够使该问题得到缓解，可行的解决思路主要有三种。

第一种思路：该企业对代理商实行销售让利，并促使代理商给终端客户让利，代理商的价格优势会吸引大量终端客户。

第二种思路：该企业帮助代理商到税务机关代开增值税专用发票，解决不能开票的问题。

第三种思路：该企业和代理商相互协作，把原来代理商买断后再对外销售的模式改为“委托销售”，让代理商只充当销售中介，而由该企业给终端客户开具增值税专用发票。

这三种思路都能够吸引客户，其原因在于考虑到了终端客户的税收利益。

（二）合作博弈——税收筹划的战略方法

国家征税的目的是获得财政收入，从而满足国家机器运转的需要。而对于企业来说，其所缴纳的税款构成了生产经营活动的一项成本。企业经营的目的是实现利润最大化，这就决定了企业必然会想方设法减少成本，以获得较高的税后利润。因此，企业总是千方百计地通过一定的手段降低税收负担。这样，纳税人与国家之间就存在着一种博弈关系。那么，企业怎样才能更好地实现税收筹划的战略目标呢？笔者认为，合作博弈是实现税收筹划的战略方法。

合作博弈是税收筹划活动中很重要的一个概念，它包括企业与企业之间的合作博弈，企业与税务机关之间的合作博弈，企业与客户之间的合作博弈。但这种合作并不是双方合谋偷税骗税、对抗政府，而是一种正当的合作行为，在很多场合都可以达到双赢或多赢的效果。

1. 企业与企业之间的合作博弈

企业与企业之间的合作形式多种多样，企业之间或集团内部组织之间通过合理的转让定价转移利润，这是常用的税收筹划方法。例如，集团内部企业之间通过转让定价将高税区的利润转移到低税区。其实，这种现象引申开来，只要两个企业之间有购销关系，就是利益关联方，就可以进行合作，共同实现税收筹划。市场价格处于不断波动的状态，有高也有低，因此，转让定价可以稍高于市场价格，也可以稍低于市场价格，有一定的弹性空间。如果把这种现象一般化，可得出结论：只要两个企业之间有交易，就可以进行税收筹划合作。

企业之间的合作主要有以下六种情形：①商品交易的合作与筹划；②提供劳务的合作与筹划；③无形资产交易的合作与筹划；④租赁业务的合作与筹划；⑤融资业务的合作与筹划；⑥费用的转嫁与筹划。

企业之间的合作博弈在实务操作中主要表现为以下三种形式：①一方完全掌握产权或控制权，另一方购买使用权；②双方逐步通过交易实现产权转让；③实行委托代理。

这三种形式都存在不同程度的税收筹划空间，主要是资源利用和转让过程中的巧妙安排。比如，一个企业拟向其利益相关者转移资产，则可以考虑的资产转移路径：第一，通过正常交易行为转移资产；第二，通过非货币资产对外投资方式转移资产；第三，通过捐赠行为转移资产；第四，通过租赁方式让渡资产使用权，具体细分为经营租赁与融资租赁两种形式；第五，通过实体资产抵债方式转移资产；第六，通过非货币资产交换方式转移资产；第七，通过合并、分立、股权交易等企业重组方式转移资产。

当然，具体选择哪种资产转移方式，完全取决于企业之间的合作博弈形式。

2. 企业与客户之间的合作博弈

企业与客户之间的合作也是一种相当重要的合作，这种合作其实也可以归入企业与企业之间的合作中，但由于一些客户可能属于自然人，因此在这里单列出来。按照一般的经营常识，商品最终要销售给客户，因此企业与客户的合作就具有重要的现实意义。比如装修劳务，到底是由企业方还是客户方提供装修材料，这是可以协商解决的。再如房产租赁业务，出租人与承租人在租金额度以及支付方式上也是可以进行磋商合作的，双方的契约安排和有效合作可以大大降低税收负担。

3. 企业与税务机关的合作博弈

企业与税务机关也存在着合作，而且这种合作还具有一定的筹划空间。税务机关征税本身是要花费成本的，而企业的生产经营活动错综复杂，税务机关根本无法完全掌握企业经营活动的全貌。因此，对税务机关来说，详细了解每个企业的具体情况，并对企业每项经营活动都实施监控，需要付出巨大的成本。如果企业与税务机关相互沟通和协调，就能减少征税成本。比如，涉及转让定价时，企业与税务机关采取预约定价安排的方式，不仅可以方便税务机关征税，降低其征税成本，而且会给纳税人带来好处：既可以适当采用有利的转让价格，又可以避免转让价格被调整的麻烦。

第二节　税收筹划的风险思想

一、税收筹划的风险分析

美国著名保险学家特瑞斯·普雷切特将风险定义为“未来结果的变化性”，强调风险的不确定性特征；另一位美国学者威雷特则强调了风险的客观性特征，他把风险定义为“关于不愿发生的事件发生的不确定性的客观体现”。中国许多学者认为，风险是事件出现损失的可能性，或者更广义地认为是事件实现收益的不确定性。

风险无处不在，纳税人开展税收筹划也会存在一定的风险。所谓税收筹划风险，指纳税人在进行税收筹划时因各种不确定因素，导致税收筹划结果偏离纳税人预期目标的可能性。税收筹划风险产生的主观原因是征纳双方的有限理性，客观原因是经济活动的复杂多变性。税收筹划风险可能导致纳税人遭受经济损失、法律惩罚以及信誉损失等负面影响。下面分析税收筹划风险存在的原因。

1. 税收筹划方案的设计具有主观性

税收筹划方案的设计取决于纳税人的主观判断，包括对税收政策的理解与判断、对纳税活动的认识与判断等。通常，税收筹划操作成功的概率与纳税人的业务素质呈正相关。因此税收筹划方案的设计具有较高的主观风险。

2. 税收筹划方案的实施具有条件性

税收筹划方案必须在一定条件下实施。税收筹划方案的实施过程，实际上就是纳税人根据自身生产经营情况，对税收政策的正确贯彻与灵活运用，受到一系列环境因素的制约。因纳税人的经济活动与税收政策都在不断发生变化，所以税收筹划方案的实施风险也就不可避免。

3. 纳税人与税务机关权利与义务的不对称性

税务机关和纳税人都是税收法律关系的权利主体之一，双方的法律地位是平等的，但由于主体双方是管理者与被管理者的关系，所以双方的权利和义务并不完全对等，主要表现为税务机关拥有较大的“自由裁量权”，税收筹划方案能否顺利实施，在很大程度上取决于税务机关对税收筹划方案的认定程度。

二、税收筹划风险规避与管理

（一）税收筹划风险类型分析

税收筹划主要涉及两大风险：经营活动风险和税收政策变动风险。

经营活动风险主要是由于企业不能准确预测经营方案的实行所带来的风险，实质上是一种纯粹的经营风险，即经营活动未实现预期效果而导致税收筹划方案失效。

税收政策变动风险与税法的“刚性”有关，目前中国税收政策还处于频繁调整时期，一个有效的税收筹划方案可能会因为政策的变动而失效。所以，这种政策变动风险不容忽视。比如，前些年一些企业通过“公费旅游”为雇员谋求福利，避税现象较严重，税务机关为弥补政策漏洞制定相关税收规定：凡是享受公费旅游的雇员必须按旅游人均消费额计入当月的工资薪金合并，计算缴纳个人所得税。显然，由于税收政策的变动，“公费旅游”的税收筹划方案就失效了。

（二）税收筹划风险管理模式

税收筹划风险管理指纳税人通过对税收筹划风险的确认和评估，采用一定的技术手段和方法对风险加以管理控制，旨在减少风险损失的一种管理活动。

1. 风险规避模式

风险规避指为避免风险的发生而拒绝某种行为或某一事件。可见风险规避是避免风险最彻底的方法，但其只能在相当窄的范围内应用。因为企业不能为规避风险而彻底放弃税收筹划方案。

2. 风险控制模式

风险控制指那些使风险程度和频率达到最小化的努力。风险控制的作用在于降低风险发生的可能性，降低风险损失的程度，主要包括风险防范的事前、事中和事后控制。

3. 风险转移模式

风险转移是将风险转嫁给参与风险计划的其他人，一般通过合约的形式将风险转移，如纳税人可以与税收筹划方案设计者签订最终方案风险责任约定以及其他形式的损失保险合约等以转移风险。

4. 风险保留模式

风险保留是风险融资的一种方法，指遭遇风险的经济主体自我承担风险所带来的经济损失。风险保留的重心在于寻求和吸纳风险融资资金，但这取决于人们对待风险的态度：一种是风险承担，在风险发生后承担损失，但可能因为须承担突如其来的巨大损失而面临财务问题；另一种是为可能出现的风险做准备，在财务上预提风险准备金就是常用的办法之一。

（三）税收筹划风险管理的具体措施

1. 密切关注财税政策的变化，建立税收信息资源库

税收筹划的关键是准确把握税收政策，但税收政策层次多、数量大、变化频繁，

掌握起来非常困难。因此，笔者建议企业建立税收信息资源库，对适用的政策进行归类、整理、存档，并跟踪政策变化，灵活运用。因此，准确理解和把握税收政策是设计筹划方案的基本前提，也是保证筹划方案质量的基础。

2. 正确区分违法与合法的界限，树立正确的税收筹划观

依法纳税是纳税人的义务，同时，合理、合法地筹划涉税问题、科学安排收支，也是纳税人的权利。纳税人应树立正确的税收筹划观：税收筹划可以节税，但税收筹划不是万能的，其筹划空间和弹性是有限的。

3. 综合衡量税收筹划方案，降低税务风险

一个好的税收筹划方案，应该合理、合法，能够达到预期效果。但是，实施筹划方案往往会“牵一发而动全身”，要注意方案对整体税负的影响；实施过程还会增加纳税人的相关管理成本，这也是不容忽视的问题；还要考虑战略规划、税收环境的变迁等风险隐藏因素。

4. 保持税收筹划方案适度的灵活性

由于纳税人所处的经济环境千差万别，税收政策和税收筹划的主客观条件时刻处于变化之中，所以在税收筹划时，要根据纳税人的实际情况，制订纳税方案，并保持相当的灵活性，以便随着国家税制、税法、相关政策的改变及预期经济活动的变化随时调整项目投资，对筹划方案进行重新审查和评估，适时更新筹划内容，采取措施分散风险，趋利避害，保证税收筹划目标的实现。

5. 具体问题具体分析，切忌盲目照搬

税收筹划虽有一定的规律，但筹划方案设计并没有固定的套路，因为每个企业都有自身的特点，不存在最好的方案，只有最适合企业特征的税收筹划方案。要针对不同的问题，因地制宜，具体问题具体分析。税收筹划方案及操作结果随纳税人具体情况的不同而不同，切忌盲目照搬照套别人的方案。

第三节　税收筹划的设计思想

企业应该针对经济业务及纳税事项，从解决问题的角度出发，进行税收筹划方案设计。税收筹划的设计思想，作为一种行动指南，对税收筹划方案的形成具有重要的指导意义。笔者把税收筹划的设计思想概括为以下三种：流程思想、契约思想、转化思想。

一、流程思想

所有的经济业务都有流程，所谓流程就是经济业务发展的路线和次序过程。流

程是可以改变的，主客观因素都可能改变流程。税收是和流程紧密相连的，税收产生于业务流程，不同的业务内容和流程决定着税收的性质和流量。因此，在设计税收筹划方案时，还要充分利用业务流程再造的优势改变税收。这是一种创造型的税收筹划设计思想。

二、契约思想

诺贝尔经济学奖得主罗纳德·哈里·科斯（Ronald H. Coase）认为，公司的实质是一系列契约的联结。契约是与市场紧密联结的，市场经济其实就是契约经济。从契约角度考察税收问题，至少包括两个层面：一是公司与税务当局之间，存在着一种法定的契约关系，是依靠双方对税法的遵从来维护的。其实税法也是一种契约，属于公共契约。二是公司与各利益相关者（包括股东、债权人、供应商、顾客、雇员等）之间，存在着微妙的博弈竞争与合作关系，他们之间的博弈合作是靠契约合同来维护的，这种契约合同其实是一种纯粹的市场契约。对于纳税人来说，利用契约思想，可以在更大范围内、更主动地实现统筹规划，并按签订的契约统一安排纳税事宜。

【案例】一家公司的董事长向公司借款200万元购买别墅，并办理了借款手续。到第二年年末还未归还该笔借款。《财政部、国家税务总局关于规范个人投资者个人所得税征收管理的通知》（财税〔2003〕158号）规定，纳税年度内个人投资者从其投资的企业（个人独资企业、合伙企业除外）借款，在该纳税年度未归还，且又未用于企业生产经营的，应视为企业对个人投资者的红利分配，依照“利息、股息、红利所得”项目计征个人所得税。由于该公司的财务人员没看懂上述文件，也没有对董事长的借款做出任何处理。税务稽查人员到企业检查后，要求企业补缴40万元的税款，并加征滞纳金和罚款。

案例解析：该涉税事项应该如何应对？能否设计出好的税收筹划方案呢？其实，如果利用契约思想进行税收筹划方案设计，完全可以实现节税。这里提供两个有关契约思想的税收筹划方案。

筹划方案一：对于董事长的个人借款，应在次年筹备周转资金时还清，进入第三个年度后再签订借款合同借出该笔款项。这种处理模式，要求董事长每年年初都要办理借款协议，年末筹备资金归还，这样一来个人借款期限都不会超过1年，也就不再有纳税义务。

筹划方案二：在个人签订借款协议时就转变契约方，以该董事长的夫人或朋友的名义去办理个人借款（满足该董事长的夫人或朋友不是公司的股东），从而可以摆脱上述政策的约束，即使借款超过一个纳税年度也不用缴纳任何税金。

三、转化思想

税收筹划的本质是在税制约束下寻找税收空间，即讲求规则约束之下的变通、转化与对策。古人云："穷则变，变则通，通则久。"在税收筹划过程中，要引入转化思想。

转化思想体现着一种创新思维，蕴涵着一种大智慧，是冲破税收制度和环境约束的最佳选择。

转化思想孕育着业务模式的转变，不同的业务模式适用不同的税收政策，具有不同的税收特征，形成不同的税收负担，这其中就显示出巨大的节税空间。运用税收筹划的转化思想，主要有以下三种操作技术：业务形式转化、业务口袋转化、业务期间转化。

（一）业务形式转化

业务形式转化，即将企业的业务活动从一种业务形式转化为另一种业务形式。随着业务形式的转化，所涉及的业务收入和税种也会相应发生变化，税负自然不同。即通过转化业务形式可以产生税收筹划节税空间。

【案例】美国的股份公司经常为其利益相关者——职工购买许多份生命保险，保费的资金来源是贷款，可以是银行的，也可以是保险公司的。按照税法规定，银行贷款利息可以在税前扣除，每年购买保单的资金不必立刻缴税，只是在保单变现时才予以课税。

案例解析：在这个案例中，购买保单就是一项享受税收优惠的投资。进一步分析，如果保费是由保险公司提供的融资，则企业要求保险公司通过银行转贷该笔融资给自己使用，则可以实现贷款利息扣除，而保险公司还可以从银行拿到利息收入，如图 2－2 所示。这一融资形式的转化就体现着业务形式转化的思想。

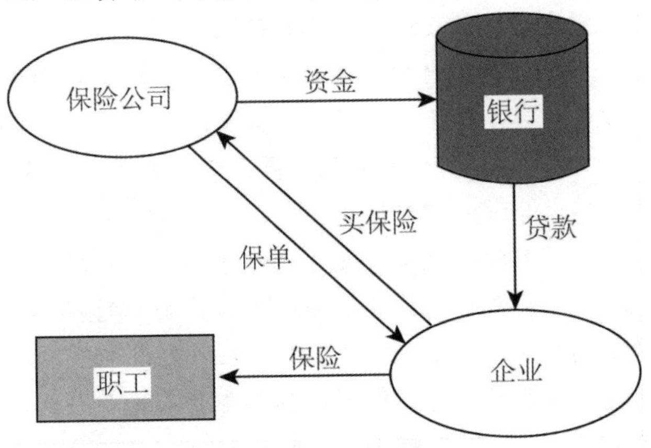

图 2－2　为职工购买保险的税收筹划模型

（二）业务口袋转化

业务口袋转化，即从一个会计主体的业务转化为另一个会计主体的业务。最常见的就是利用关联企业之间的税率差以转让定价方式实现利润转移，从而达到在不同纳税主体之间减少税收的目的。

【案例】一家设备生产企业，自行研发了一套高科技智能软件，与设备配置在一起对外销售。这套高科技智能软件使设备的性能大大改善，企业因此提高了销售价格。但随之而来的是棘手的税收问题，即产品售价高，购进的材料并不多，但增值税负担非常重，企业老总和财务经理一筹莫展。

案例解析：对于该税收问题，可以采用业务口袋转化模式寻找税收筹划空间。通过对其业务流程分析，我们发现税负高的原因在于设备销售价格高，而销售价格高的原因主要来自这套软件。软件属于高附加值产品，设备的增值率因此而上升，而增值税负担主要源自设备的增值率。如果利用软件业税收优惠政策就可以获取税收利益，具体税收筹划操作模式如下。

生产企业进行拆分，专门成立软件公司，在向买方出售设备主体的同时，由软件公司出售高科技智能软件。即把一个交易拆分为两个纳税主体的两项交易，虽然对于客户没有大的影响，但设备生产企业的纳税状况却发生了显著变化：在设备主体和软件交易过程中，设备主体和软件分摊原来的销售价格，客户采购活动没有增加支付，但新分立出来的软件公司作为独立的纳税主体，可以申办高新技术企业，其软件的销售收入享受软件产品税收优惠，实际仅负担15%的企业所得税与3%的增值税。该税收问题的解决就是引入业务口袋转化模式，把原来的销售收入分解流入不同的“口袋”，而不同的“口袋”税收待遇有差异或存在税差利益，从而实现节税目标。

随着技术的进一步发展，客户所投资购买的自动化设备需要生产企业提供软件升级及设备维护等方面的后续服务，如果全部由生产企业提供，可能的办法有两种：一是生产企业在设备销售时一次性收取服务费；二是由生产企业逐年收取服务费。其实，这两种方式都不太合适：前者会使生产企业在销售时过早进行纳税，后者虽然递延了纳税时间，但并不能摆脱纳税义务。对于后续服务问题，如果利用业务口袋转化模式进行税收筹划，具体操作策略如下：生产企业再投资成立一家网络科技服务企业（申办为高新技术企业），可以享受企业所得税15%低税率的优惠。由该网络科技服务企业逐年收取服务费，即实现服务费收入由原来的生产企业转移到新办的网络科技服务公司，可以获取两个企业的税差利益。

（三）业务期间转化

业务期间转化，即把一个纳税期间的业务转化为另一个纳税期间的业务，实现业务收入、费用（成本）及税金的跨期转移，以实现节税。

最典型的业务期间转化的例子是控制收入的实现时间。控制收入的实现时间就可以将收入归属于合理的期间，从而影响企业当期的应税收入和税收。在实践中，企业控制收入实现的期间主要有以下方法：其一，合理安排交易时间，控制交易进度。这主要通过安排交易业务的时间来实现。其二，利用交易合同来控制，即通过签订并履行交易合同来实现。其三，通过不同的收入结算方式来控制收入的实现时间及所归属的期间。

同理，控制成本、费用的发生期间，也会对税收造成极大的影响。在实践中，企业控制成本、费用发生期间主要采用以下手段：其一，利用会计政策，合理控制成本、费用的发生时间。如存货发出计价方法、资产折旧方法与折旧年限、资产与费用的合理划分、待摊费用与长期待摊费用的摊销方法等会计处理方法，都是企业控制成本、费用的会计政策。其二，合理安排成本、费用的发生时间，使其归属于合理的期间。其三，充分利用税法所规定的准予扣除项目的列支限额，并实现当期税前扣除、合理降低所得税负担。

采用业务期间转化的方法进行税收筹划，还可以利用一些理财工具。如企业年金，就是一种重要的工具。国际上通行的企业年金计划采用的是 EET 征税模式，用 E（Enterprise 代表企业）、E（Exempting 代表免税）、T（Tax 代表征税）来表示政府对企业年金计划的课税情况。该模式对职工在工作期间的企业年金（补充养老保险费）、企业年金基金（补充养老保险基金）的投资收益免税，只对在职工未来领取补充养老保险金时才予以课征个人所得税。这种企业年金计划事实上是一种将现在收入转化为未来收入并推迟交纳税收的薪酬形式。

下面从税收筹划角度分析企业年金的税收优势。假定企业采用企业年金计划时，每年把少支付的现金形式的工资 U 全部转化为企业年金，个人所得税税率为 t，个人所获得的相当于年金部分的工资全部用于投资，投资报酬率为 r，企业年金基金的投资报酬率也为 r。企业年金缴纳的持续期间为 n 年，第（$n+1$）年年初全部返还给个人。

若企业采取现金形式的工资 U，则税前工资投资 n 年后获得的收益 F_c：

$$F_c = U\ (1-t)\ [1 \div\ (1-t)]^n$$

若企业把现金工资 U 转化为企业年金形式，则企业年金项目经过 n 年后获得的收益 F_p：

$$F_p = U\ (1-t)\ (1 \div t)^n$$

由于 $U\ (1-t)\ (1 \div t)^n > U\ (1-t)\ [1 \div\ (1-t)]^n$

故：$F_p > F_c$

比较现金形式的工资和企业年金，其投资回报率有差别，现金形式的工资，其投资报酬率为 $r\ (1-t)$，企业年金的税前投资报酬率为 r。所以，对于职工来说，获得的企业年金显然比现金形式的工资更为合适。

若企业采取现金形式的工资，每年多获得的现金工资 U 在 n 年后的税后总收益 E_c：

$E_c = U\ (1-t)\ [1 \div\ (1-t)]^n + U\ (1-t)\ [1 \div\ (1-t)]\ n-1 + U\ (1-t)\ [1 \div\ (1-t)]^{n-2} + \cdots + U\ (1-t)\ [1 \div\ (1-t)]\ = U\ (1-t)\ [1+1/r\ (1-t)]\ \{1 \div\ (1-t)]^n -1\}$

若企业把现金工资 U 转化为企业年金形式，n 年后企业年金基金的税后总价值 E_p：

$E_p = U\ (1-t)\ (1 \div t)^n + U\ (1-t)\ (1 \div t)^{n-1} + U\ (1-t)\ (1 \div t)^{n-2} + \cdots + U\ (1-t)\ (1 \div t)\ = U\ (1-t)\ [1+1/r\ [\ (1 \div t)^n -1]$

比较可知，则必有 $E_p > E_c$。即职工以企业年金形式获得的税后总收益大于现金形式的工资的税后总收益，所以，从税收筹划角度分析，转化为企业年金形式的工资优于现金形式的工资。

第四节 税收筹划的前沿发展

一、税收筹划战略模型

税收筹划战略是指导税收筹划全局的计划和策略，具体表现为企业适应税收环境的一组税收行动计划和策略，其作用在于规避涉税风险、降低税收负担。基于税收筹划环境的复杂性，尤其是面对众多的利益相关者，企业应该借鉴战略管理的思想，制订税收筹划战略。

为了提高税收筹划的效率，实现税后利润最大化的目标，企业在与利益相关者的交易中需要充分考虑税收因素的影响，这就是建立税收筹划战略模型的意义所在。基于利益相关者的企业，税收筹划战略模型设计如图 2－3 所示。

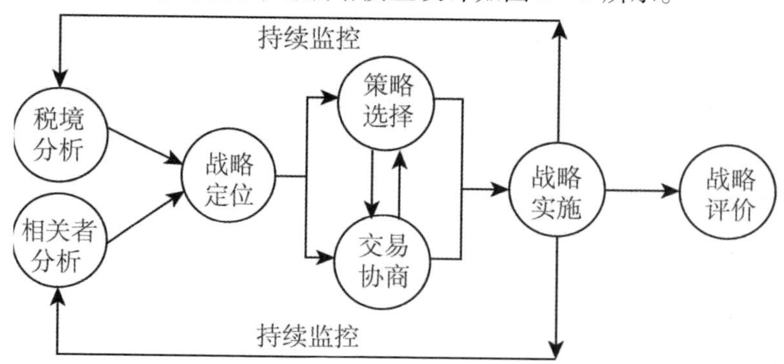

图 2－3 基于利益相关者的企业税收筹划战略模型

（一）战略环境分析

1. 税境分析

所谓税境分析指的是对企业所处税收环境的分析，主要从经济发展水平、市场开放程度、物价变动、税制变革、税种结构、征管模式、税务人员素质等方面分析税收环境的复杂性与变动性，为制订税收筹划战略提供基础性环境信息。

税境分析要预测税收制度的变化及其对企业和利益相关者的税收影响。中国正在进行的税制改革对社会经济产生了重大影响，企业也存在着许多税收筹划的机会和空间。中国的税制改革比较透明，企业也完全可以预期其变革，并作出合理的纳税行为调整及税收筹划策略安排。

2. 利益相关者分析

在市场经济中，企业与利益相关者的关系非常密切，为了实现税收筹划战略目标，必须对利益相关者的基本情况进行分析。对利益相关者的分析，主要从行业背景、经营特征、发展战略、业务模式、税收状况等方面进行分析，掌握利益相关者的经营情况、财务状况、纳税状况，为税收筹划战略制订及具体策略选择提供决策依据。

（二）战略定位

企业根据税境分析及利益相关者分析确定税收筹划的战略目标，给出明确的战略定位。税收筹划战略表明了公司未来的路径指向，是企业税收筹划的前进方向。税收筹划的战略定位必须建立在企业外部环境、内部条件和战略目标的基础之上。

（三）策略选择

策略即为达成策略计划中制定的目标所采取的特别行动，通常，这类行动是指资源的配置与运用。从博弈论的角度理解，策略就是参与人在给定信息情况下的行动规则，它规定参与人在什么时候选择什么行为。其实，策略也可以理解为特定环境下对于特定问题的应对之策，即对策。对一个企业而言，策略是抽象的，它体现着企业的战略导向，企业战略驾驭着策略，其实战略可以被认为是一组或多组策略的组合。因此，策略支配着整个生产经营活动，决定着企业的生存和发展。

企业战略的实现在于成功地选择策略，企业税收筹划战略也是如此。在企业实际经营管理活动中，可以把策略选择看成是通过资源的系统规划来建立竞争优势。

（四）交易协商

交易协商主要是关于税收利益分配的协商，包括两个方面：一是企业与税务部门协商税收利益的分配，如税务部门与企业协商给予一定的税收优惠，鼓励企业实施再就业工程或吸引投资；二是企业与利益相关者协商交易价格及交易形式、交易合约，如协商关联定价的原则、关联交易的时间、契约履行的条件等。协商可以在企业与单个利益相关者之间进行，也可以在企业与多个利益相关者之间进行。交易协商的目的是就交易中的税收利益达成一致。

交易协商是策略选择的下一步，两者有着直接的关联，也相互影响。策略选择决定交易协商的内容，交易协商的结果也可能引起策略的调整。

（五）战略实施

战略实施是把战略付诸实施或执行的过程。要把税收筹划战略变成现实，需要具体付诸实施。在税收筹划战略实施过程中，要特别注意环境变化和战略定位的持续改进问题。

现代社会环境变化迅速，即使税收筹划战略制订得相当缜密、科学，也需要在执行中随着环境的变化进行修订。在图2-3中，建立在环境分析和利益相关者分析基础上的持续改进，就是一种应变能力的提高，能够使税收筹划战略更加适应环境的变化。

（六）战略评价

战略评价是对战略实施结果的评价与总结。税收筹划战略实施后，应该对税收筹划战略的实施结果进行检查和评价。将税收筹划战略的实施结果与战略目标进行比较，审查执行业绩及战略执行成本，分析税收筹划战略的有效性。此外，战略评价还要从税收筹划对企业的财务、税收及战略管理的影响角度分析税收筹划战略的适应性。

二、有效税收筹划理论

早期的传统税收筹划理论没有考虑成本，只以纳税最小化为目标。针对传统理论的种种缺陷，诺贝尔经济学奖得主迈伦·斯科尔斯和马克·沃尔夫森（Myron S. Scholes，Mark A. Wolfson）提出了有效税收筹划理论，它是一种研究在各种约束条件下实现纳税人“税后利润最大化”目标的税收筹划理论。

有效税收筹划理论框架构成一个严密的逻辑体系。当企业进行投融资决策时，其目标是取得最大化的投资报酬率或融资成本最小化。税收规则的存在，又使得企业在进行各项战略性决策时必须考虑税收的作用。此理论将除税收成本以外的各项成本统称为非税成本。并且，由于交易成本的定义具有非常广泛的意义，因此税收成本和非税成本可以统一于交易成本。很显然，交易成本是由于交易各方之间利益不一致和信息不对称所引起的。有效税收筹划理论框架的三条思路可以通过交易成本连接起来，如图2-4所示。

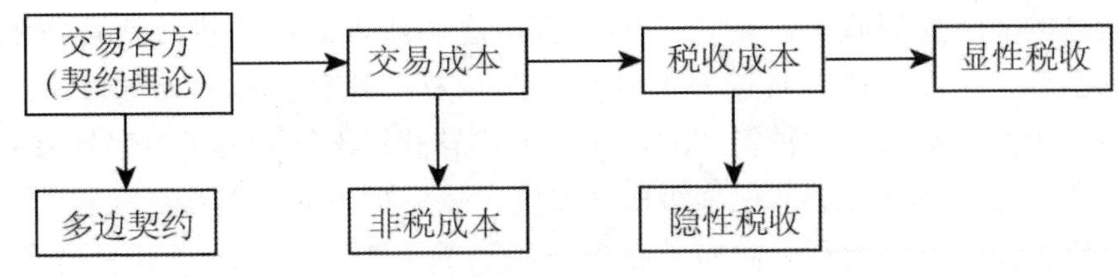

图 2－4　有效税收筹划理论框架

根据图 2－4 可知，有效税收筹划理论框架包括以下三个方面的具体内容：①有效税收筹划要求筹划者从交易各方多边契约角度来考虑交易的税收问题；②有效税收筹划要求筹划者在投资和融资决策时，不仅要考虑显性税收，还要考虑隐性税收；③有效税收筹划要求筹划者认识到税收成本仅仅是企业成本的一种，在税收筹划过程中必须考虑所有的成本，一些被提议的税收筹划方案的实施可能会带来大量的非税成本。

有效税收筹划理论框架的三条思路并非随意的组合，而是有联系的互相依存并层层分解的。而且，多边契约与利益相关者相关，交易成本与企业组织紧密相关，使得在这一框架下的企业税收筹划活动（本身也属于企业组织设计活动的一部分）应从企业整体角度进行，严格区别于短期化倾向的“税负最小化”目标；而有效税收筹划既考虑税收成本又考虑非税成本，目标是“税后利润最大化”。

（一）多边契约

有效税收筹划理论的一个重要内容，就是运用现代契约理论（Contracting Theories）的基本观点和方法展开分析，研究在信息不对称的现实市场上，各种类型税收筹划产生和发展的过程。

如果将税收因素考虑在内，政府作为税法的代表毫无疑问应被引入订立契约的程序。不过，相对于其他契约方而言，政府无法及时调整其策略，因为政府要通过变动税法来实现调整，所以税法调整通常是滞后的。政府与其他契约方的另一个显著差别在于政府所追求的目标具有多样性，社会的公平也是其追求的目标之一，公平目标的实现往往要借助累进的税率，这使得支付能力不同的纳税人面临不同的边际税率。政府对市场经济活动中出现的外部性问题的纠正，也使得不同类投资的税收待遇大不相同，这进一步加大了纳税人边际税率的差别，同时也为纳税人进行税收筹划提供了空间。

税收体系的多重目标性不仅使纳税人处于不同的税收地位，也使纳税人改变了税前收益率。假定初始状态，市场上有两种无风险资产具有相同的税前投资收益率，两种资产的税收待遇不同，其中一种由于享受了税收优惠其税后收益率要高于另一种没有享受税收优惠的资产。这种状态显然是不均衡的。因为投资者会增加对税后收益率较高的、享受税收优惠的资产的投资。这种需求的增加将改变资产的价格，使其不断上升，从而使税后收益率下降直到两种资产税后收益率相同才实现均衡。在均衡点，边际投资者对两种资产的选择是无差异的。不过，由于税率具有累进性，比边际投资者处于更高或更低税率级次的投资者依然可以通过相互订立契约而受益。比边际投资者税率高的投资者倾向于有税收优惠的资产，比边际投资者税率低的投资者倾向于没有税收优惠的资产。他们之间订立的合作契约将实现总财富最大化，并使政府以外的其他参与的当事人也同时受益。因此，从某种程度上讲，这种契约实现了税收筹划的帕累托改进。

【案例】假定均衡市场上有三个投资者甲、乙和丙，面临的边际税率依次为30%、40%和50%。有两种无风险资产A和B，其中A为免税债券，利率为6%，B为应就收益全额纳税的公司债券，利率为10%。由于市场实现均衡，因此两种资产利率保持不变。

案例分析：对于乙而言，投资A和B的税后收益率相同，均为6%［10%×（1－40%）］，因此，乙为边际投资者（对购买两种同等风险但纳税不同的资产无偏好的投资者）；对丙而言，投资B的税后收益率为5%［10%×（1－50%）］，低于A（6%）；对甲而言，投资B的税后收益率为7%［10%×（1－30%）］，高于A（6%）。因此，在其他条件相同的情况下，丙会选择A，甲会选择B。现假设考虑到其他因素以后，丙要投资B，而甲要投资A。如果两人直接投资，且均为一个单位，那么丙获得的收益为0.05［1×10%×（1－50%）］，甲获得的收益为0.06（1×6%），总收益为0.11（0.05＋0.06）。此时，如果甲和丙订立契约，由甲投资B而丙投资A，然后两人进行交换，那么两者的总收益为0.13［1×6%＋1×10%×（1－30%）］，比前者多出0.02。将这一部分增加的收益在甲、丙之间分配，甲、丙均比未订立契约时获得的收益增加，增加的值其实就是政府税收收入的减少。

（二）非税成本

根据契约理论，面对不同边际税率的纳税人可以通过相互订立契约共同受益。在完全竞争市场，当事人通过签定契约而开展的税收筹划将实现纳税最小化。而在不完全竞争市场，即存在不确定性和交易费用的情况下，各种因素权衡的结果却常常会使有效税收筹划与纳税最小化偏离。因为不确定性导致了一系列非税收成本的增加，而非税收成本的增加会使税收筹划策略的选择更加复杂。

不确定性是现代契约理论的一个重要假设。不确定性的引入，大大增强了运用经济分析解释实际操作中问题的能力。通常情况下，不确定性有两种类型：一种是对称型不确定性，另一种是非对称型不确定性（即信息不对称）。

1. 对称型不确定性下的有效税收筹划

在对称型不确定性存在的情况下，签约各方虽然同等地了解信息，但投资的现金流却是不可知的，这种不可知意味着投资有风险。特别是，当对称型不确定性与一个累进的税率表相连时，即使是初始状态对风险无偏好的投资人也会因两者的共同作用显示出规避风险的态度。也就是说，对称型不确定性的存在使风险成为投资人开展有效税收筹划时不得不考虑的一个因素，累进税率表则进一步扩大了风险的影响。

【案例】假定投资者有10个单位资金，他可以选择两项投资计划中的一项。其中，一项计划是无风险的（如储蓄、购买国债等），收益为2个单位；另一项计划是有风险的。如果投资成功，可以获得15个单位收益，如果投资失败会遭受10个单位损失，成功和失败的概率均为50%。再假定该投资人是风险中性的，他会选择期望收益较高的方案。

案例解析：因为有风险的方案的期望收益为2.5个单位［15×50%+（-10）×50%］，高于无风险方案，所以投资人会选择有风险的投资方案。现考虑税收因素，假定投资人面临这样一个税率表：如果所得为正，则税率为30%；如果所得为负或为0，税率为0（对于新开办的企业而言，如果投资失败则企业不复存在；对于已开业的企业，可以假定税法规定不允许亏损前转或后转）。毫无疑问，这是一个有两档税率的累进税率表。投资人将通过比较资产的税后收益做出选择，由于无风险方案的税后收益为1.4单位［2×（1-30%）］，而有风险方案的税后收益为0.25单位［50%×15×（1-30%）+50%×（-10）］，此时，投资者会选择无风险方案。为什么会出现这种变化呢？因为有风险方案所交纳的税收（2.25单位=15×30%×50%）要高于无风险方案的税收（0.6单位=2×30%）。而且，这种税收上的差异导致两方案的税后收益出现相反变化。由此可见，累进税率表的平均税率随着应税收入的增加不断升高，会导致投资人倾向于风险更小的投资。也就是说，即便原先属于风险中性的投资者也会呈现出规避风险的特征。在许多国家，当纳税人所得为负，即出现亏损时，一般都允许递延，递减以后的应纳税额。这种规定实际上降低了税率表累进的程度，但税率表仍是累进（因为资金的时间价值，后一期节约的税收总是小于同等金额当期的税收）。

2. 非对称型不确定性下的有效税收筹划

非对称型不确定性也是现实生活中普遍存在的一种状态。由于契约双方拥有不对称信息，导致一方无法观察到交易另一方的行为或进行控制。这种情况增加了契约订立的成本。甚至有时为了获得其他方面更大的利益，交易方不得不放弃减少纳税的计划。企业在开展税收筹划时必须考虑到由于非对称型不确定性而增加的成本。下面就以劳动力市场上雇主和雇员之间的契约为例加以说明。

假定雇主面临的是一个随着时间不断下降的税率表，而雇员的税率则随着时间的推移不断上升。在这种情况下，从税收角度而言，对雇员薪金进行即期支付比将其推迟到以后期间支付更为有利。因为对雇主来说，薪金即期支付可以使雇主在税率较高的即期获得税收扣除从而较多地减少应纳税额；而对雇员来说，在税率较低时期获得收入也比在税率高的时候获得的收入纳税少。

【案例】假定某公司生产的产品是一种耐用消费品——家用电器，雇主和雇员的利益存在矛盾。雇员有两种行动策略可以选择：①努力工作，使产品的使用寿命达到 L。②不努力工作，产品的使用寿命只有 S，$L>S$ 且 $P(L)>P(S)$，即随着产品使用寿命增加，其销售价格也会提高，并且这种提高的比率大大超出了成本的增加。

案例解析：在这种情况下，雇主自然希望雇员能够努力工作，他们愿意为此支付额外的奖金。假定受到相关法律的限制，即使雇员没有努力工作并且雇主观察到雇员没有努力工作，那么雇主也不能采取额外罚款或其他方式处罚。另外，不考虑时间价值，即雇员对即期支付和推迟支付没有偏好，他们追求的是总收入的最大化。在忽略税收的情况下，为减少这种信息的不对称，雇主激励雇员努力工作的最有效方式是将对雇员的支付推返到超过 S 以后，因为这样就可以很清楚地观察到雇员的行动。不过这种激励安排显然与以税收最小化为目的的契约相冲突。当然，雇主税率不断升高而雇员税率不断降低，那么税收最小化的方案就是推迟支付。不过，假如我们再加上一个考虑因素，即虽然不存在时间价值，但雇员对即期还是推迟支付依然不是无偏好的。原因在于推迟支付会使雇员承担企业可能丧失支付能力的风险。如果雇员一味增大对这种风险的预期，他们就会放弃推迟支付而要求即期支付。但此时的税制显然是推迟支付更能节约纳税。这时，为了激励的原因也许仍然要放弃税收最小化。

（三）隐性税收与税收套利

显性税收是通常意义上由税务机关按税法规定征收的税收；隐性税收指同等风险的两种资产税前投资回报率的差额。与显性税收完全不同，隐性税收的产生源于市场。在一个给定的市场环境当中，不存在税法的限制和交易成本，两种资产的初始税前投资回报率相同且均为无风险资产，不同的是他们面临着不同的税率。由于一种资产的税前回报率高于另一种资产，因此会吸引投资投向税收待遇较为优惠的资产，从而使其价格上升，投资回报率下降，直到两种资产的税后投资回报率相同，这种趋势才会停止，实现均衡。隐性税收是开展税收筹划时不可忽视的一个因素。纳税人通过税收筹划减轻的税收负担不仅包括显性税收，也包括隐性税收。

税收套利，指在总净投资为零的前提下，通过一种资产的买进和另一种资产的卖出获得税收上的好处。尽管市场达到均衡点以后，边际投资者对两种资产的选择是无差异的，但市场上仍有相当一部分非边际投资者，他们之间仍可以通过相互订立契约而受益。非边际投资者的存在，从理论上导致了税收套利行为。

【案例】20 世纪 90 年代中期，美国的许多企业都通过持有企业所有的生命保险（Corporate Owned Life Lnsurance）转移收入。具体而言，就是由公司为雇员购买许多份生命保险，然后再使用贷款资金支付保费，或者直接向保险公司贷回应支付的保费。由于借款利息在每期发生时即可获得扣除（不论有没有支付），而每年投入保单的资金则不必立刻交税（按规定保单在获得现金时才需要纳税），因此，公司只要每年将相当于投资收益的资金用于保费，就可以获得延迟纳税的好处。

三、税收契约视角的税收筹划创新理论

（一）税收契约的内涵与基本类型

1. 税收契约的内涵

税收契约思想源于社会契约论。霍布斯、卢梭、孟德斯鸠等人将契约思想从私人领域扩展到了公共领域，形成了社会契约论思想。税收契约是社会契约在税收领域承继、沿袭的必然产物。税收契约作为一种公共契约，天然具有契约的基本属性。税收契约的表现形式为税收法律制度，它是国家和纳税人经过多层次博弈形成的一种相对固化的税收分配与管理关系。

税收制度的演化其实是税收契约关系演化的积累与外在表现形式。税收契约建立在平等原则的基础上，税收契约的缔结必须遵循社会正义与诚实信用原则。因此，税收契约一旦签订是受法律保护的。税收契约既要求纳税人依法诚信纳税、不能蓄意逃避税收；也要求政府代表国家行使征税权须以宪法为依据，依宪治税。税收契约对政府与纳税人的合法权益均等保护，不偏袒任何一方。

2. 税收契约的基本类型

契约理论认为，企业实质上是“一系列契约的联结”。税收契约是企业契约的重要组成部分，是企业契约关系网中的利益焦点。在企业契约集合中存在着两类较为明显的税收契约：一是政府与纳税人之间的“法定税收契约”，二是纳税人与其利益相关者之间的“交易税收契约”。这两类税收契约在经济发展中发挥着重要作用，影响着资源配置效率与纳税主体的税收利益。

税收筹划作为由社会多方契约关系制约的、多方契约力量合力推动的一种经济行为，也与税收契约之间有着千丝万缕的联系。在承认理性经济人的逐利本性、契约的不完备性和相当一部分契约是以会计信息为基础等前提条件的情况下，税收契约各方当事人（包括经营者、投资者、供应商、代理商等利益相关者）便有动机、有条件进行税收筹划和安排，以实现企业价值最大化（税后利润最大化）的目标。

（二）法定税收契约与政策性税收筹划

1. 法定税收契约的内涵

税收本质是一种契约关系，作为公民财产权的一种让渡，公民必须获得政府提

供的公共服务。政府和公民之间以获得公共产品为目标的特殊交换关系具有公共契约的性质。政府征税和纳税人缴税是一种权利和义务的交换。政府具有政治权力的垄断性，为避免政府对其权力的滥用，政府和纳税人之间需要缔结“契约”，把政府与纳税人的权力和义务，用“法”这种书面协议的形式固定下来。由于政府和纳税人之间的税收契约是政府加给纳税人的一种不可推卸的责任，政府是不请自来的“法定契约方”，笔者把这种天然存在的税收契约称为法定税收契约。例如，作为税收程序法的《中华人民共和国税收征收管理法》，以及作为税收实体法的《企业所得税法》《中华人民共和国个人所得税法》等都是法定税收契约的典型表现形式。在经济学界和法学界，法定税收契约得到广泛的认可、传播和应用。

法定税收契约其实是政府依照政治权力以提供公共服务为目的分享纳税人利益的依据。在法定税收契约缔结过程中，政府和纳税人是平等的，政府和纳税人各自依法享有法定权利。这种双方权利平等体现了契约精神的本质，并贯穿于政府和纳税人之间关系的各个层面。在政府和纳税人法定税收契约的履行中，超出税法规定的额度和范围的税款征收就是掠夺，而纳税人也不应该因其向政府纳税而提出某些过分的要求。

2. 法定税收契约的效力

法定税收契约具有强制性。法定税收契约的效力不仅源于政府具有政治强制力，还源于税收契约的签订具有公共选择的机制和程序。法定税收契约的签订是社会成员通过公共选择机制选择的结果，它代表着社会成员集体意愿的表达。在经过一定的立法程序把这种集体意愿固化为税收法律后，税收契约就有了法律强制力，社会成员和政府都必须遵守。如果纳税人和政府或者税务当局违反税法这种法定税收契约，必须承担相应的责任。

如我国《中华人民共和国税收征收管理法》规定了对纳税人的核定征收、税款追缴、滞纳金征收、纳税担保、税收保全、纳税救济等保障政府税收权益的措施。同样，政府或者税务部门对纳税人合法权益造成侵害时也要承担一定的责任。政府在税务部门对纳税人执法不当造成损失时要承担相应的赔偿责任：税收保全不当造成的损失政府要对纳税人进行税收赔偿；对纳税人超额征收的税款要加息归还给纳税人。法定税收契约对税务执法人员本身的徇私舞弊规定了禁止性和惩罚性条款。

3. 法定税收契约的实施机制

法定税收契约是国家和公民之间为获得公共产品或服务而签订的。法定税收契约签订过程是双方合意并通过公共选择机制表示的结果。一旦国家和公民之间签署了这一契约，法定税收契约就具有了强制性。国家作为与民众订立社会契约的缔约方，其实是一个抽象的权利主体，国家的权利要由政府这个代理人来执行。

法定税收契约的实施是一个复杂的过程。从契约论的观点看，国家的权力和公民（纳税人）的权利是平等的，但当国家的公权力和公民的私权利发生冲突时，公民权常处于弱势地位。政府作为国家的代理人，有追求预算收入规模最大化的动机与行为。为保障纳税人的权利，就需要围绕税收契约进行立宪，以保障税收契约实施过程中双方权利、义务的一致性。对于符合税收宪政的税收契约，由国家委托政府的征税机关来实施税款的征收。征税机关代表政府对违反税法（税收契约的固化形式）规定的纳税人实施强制征税、加收滞纳金或者罚款等惩戒行为，以保障政府获得税收收入的权利。政府也要对税收的征收使用情况向纳税人进行信息公开，接受广大纳税人的监督。对政府违反法定税收契约的情形，纳税人有权借助其代表机构通过公共选择的程序更改税收契约内容，并要求政府对纳税人进行合法补偿。因此，法定税收契约的实施机制是建立在委托——代理制基础上的，但委托——代理制的执行须以法定税收契约的依法履行为前提。法定税收契约的有效履行会促进一国或地区税收制度的优化与演变。

4. 政策性税收筹划：法定税收契约下的税收筹划创新

政策性税收筹划指企业在不违背税收立法精神的前提下，与政府的税务、财政等部门进行协商，试图改变现有对企业（或行业）不适用的税收制度，以实现企业利益最大化的筹划活动。政策性税收筹划作为一种动态的筹划方式，其对国民经济和企业产生宏观和微观的双重效应，不仅降低了企业的涉税风险，而且对完善税收制度发挥着重大的作用。

当然，从另一个角度分析，政策性税收筹划有其不公平的一面。一些企业通过政策性税收筹划向政府官员提供私人报酬来影响法律、规则及规章制度的选择和制定。通过俘获政府机构，企业就能够将其偏好变成整个市场经济博弈规则的基础，创造大量可能为特定部门和组织产生税收利益的政策。

从经济学角度分析，政策性税收筹划实质上是一种税收制度筹划的创新活动，它改变了原来的法定税收契约关系，本质上是一种契约变革性质的税收筹划模式。企业发现税收制度的非均衡性，从而产生税收制度的创新需求，政府再根据这一制度需求对税收制度的供给进行调整，以实现税收制度均衡。政策性税收筹划是以一种更有效率的新的税收制度来替代旧有税收制度的过程，体现了税收制度由非均衡到均衡的发展。政策性税收筹划与一般的税收筹划存在较大的差异，但是它并非对目前税收筹划模式的背叛，而是对税收筹划模式的延伸和扩展，更能在税收筹划中发挥纳税人的主动性。政策性税收筹划的操作模式如图 2 -5 所示。

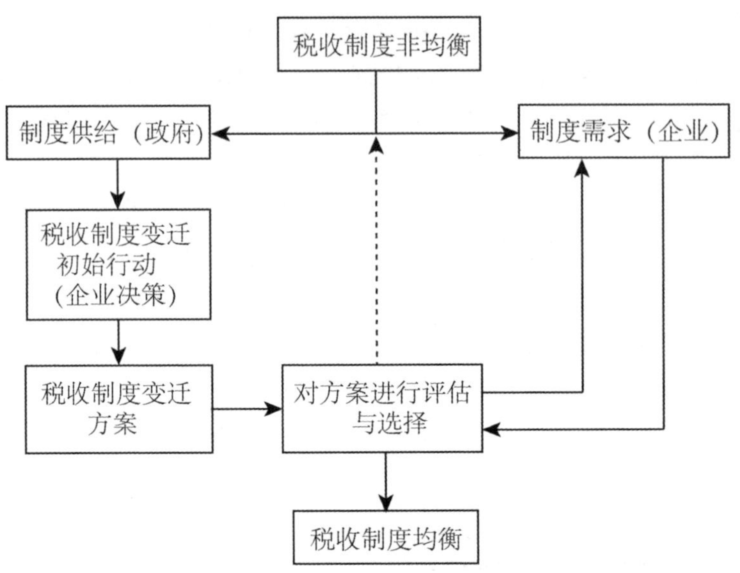

图 2－5 政策性税收筹划的操作模式

（三）交易税收契约与税收筹划创新

1. 交易税收契约的内涵

契约是交易当事人在市场交易活动中所确立的一种权利和义务关系，交易活动的实质是交易当事人对财产权利做出的契约安排，其目的是实现资源在时间和空间上的合理配置与有效利用。企业是“一系列契约的联结”，在这种契约的联结中，存在着包括股东、债权人、供应商、代理商、终端客户、职业经理人、雇员等在内的各类利益相关者。尽管企业与这些利益相关者之间的关系是纯粹的市场关系，但他们之间交易合约的缔结对企业的纳税行为和税收负担也有着微妙的影响。

企业与其利益相关者之间的税收关系是交易当事人各方确立的权利和义务关系的一种，笔者把他们之间由于交易活动引发的税收关系称之为交易税收契约。交易税收契约是企业契约集合中的子契约，可以将其界定为企业法人与其利益相关者在交易活动中所形成的有关财产权利流转的税收协议或者约定。斯韦托扎尔·平乔维奇（1990）认为，契约是人们用以寻找、辨别和商讨交易机会的工具。对契约功能的这一深刻认识非常适用于交易税收契约，缔约各方缔结交易税收契约的目的在于探寻和把握交易机会、获取经济利益。交易税收契约的各缔约方利用契约的签订合理规划其税务活动，实施税务战略管理，并最终实现税收利益乃至经济利益的最大化。

企业与其利益相关者的交易税收契约所涉及的各项交易包含复杂的关系。关系和交易紧密结合，同等重要且不可分割，属于一种典型的关系契约，具有以下三个显著特征。

（1）交易税收契约各方存在契约团结或共同意识。缔约方利用正式或非正式规则确保他们之间关系的稳定性。正是利益的相互依赖性使交易缔约各方当事人必须就某些事件达成共识，这种共识的达成具体表现为当事人之间的沟通。在沟通过程中，各种正式或非正式规则会产生，以规范交易过程中当事人的行为，减少契约各方存在的信息不对称，从而降低交易费用。因此，交易税收契约强调合作及长期关系的维持，契约当事人都愿意建立一种规制结构来对契约关系进行适应性调整。

（2）交易税收契约各方是伙伴关系。与法定税收契约要借助法律的强制性来维护政府与纳税人之间的契约关系不同，交易税收契约要依赖于企业与利益相关者经济活动的“市场合约”，他们之间是以利益为纽带结成的伙伴关系。其实，基于伙伴关系的交易税收契约的最终目标是获得相应的经济利益。因此，交易税收契约注重经济伙伴关系的过程性与连续性，以至于很多契约条款悬而未决，以根据以后的商业形势进行适当的变化。这使得交易税收契约具有灵活多变的特征。因此，在交易税收契约的缔结与履行过程中，不出现阻碍契约自由的权利、等级和命令，纯粹是一种商业环境下的利益合约。在交易税收契约中，冲突的解决可以通过自我调节，可以通过第三方的介入，也可以通过其他的利益协调机制。

（3）交易税收契约具有合法边界下的自由性。交易税收契约缔约各方的自由权利受到法律保护，这些自由权利包括缔约的自由、选择缔约方的自由、缔约内容与形式的自由、变更或解除缔约的自由，这些自由权利体现在契约的意思自治。但缔约各方不存在绝对的自由权利，其缔约的自由度具有一定的边界，即必须在法定税收契约的框架约束下进行，必须受制于一国或地区法律的约束。超越了这一边界，交易税收契约是不成立的。

2. 交易税收契约的效力

交易税收契约属于一种经济规则或者经济合约，建立在利益基点上。利益是研究人类经济活动的出发点。利益是“社会化的需求，它在本质上属于社会关系范畴”。人类个体与群体既是利益的需要者，也是利益的供给者。在利益相关者的社会网络中，获得利益必须通过与其他利益主体进行利益的交换。交易活动的每一利益相关者都是“理性人”，在交易中都追求短期利益或长期利益的最大化。由于交易各方的力量并不均衡，交易中必然出现利益冲突。契约因利益冲突而存在，以协调利益为目的，通过调整利益关系约束交易行为。交易税收契约把追求利益作为效力根源，是寻求经济利益的一个有效工具，缔约方都倾向于从税收契约中获得相应的利益。由于利益的存在和分配才吸引纳税人及其利益相关者签订有利的税收契约以保护自身利益。从这一角度分析，交易税收契约的履行并不需要具有强制性政治约束，主要由交易的利益各方为获得满意的利益而自我约束。当然，交易税收契约效力的发挥也必然被限定在以宪法、合同法、税法等为首的法律框架内。

契约是市场中交易当事人在交易过程中所确立的一种权利和义务关系。交易时所约定的基本内容，构成了契约的基础。交易活动的实质是交易当事人之间对财产权利所作出的契约安排，其目的是实现资源在时间和空间上的合理配置和有效利用。从利益相关者角度分析，企业与包括股东、债权人、供应商、客户、职工等在内的各利益相关者之间存在着微妙的关系，他们之间的博弈与合作关系是靠契约来维持的，这种契约其实是一种纯粹的市场契约。

企业与利益相关者之间的税收契约作为企业契约集合中的一个子契约，是在经济交易中形成、维护并履行的，其本质是税收影响各利益相关者收益分配与资源配置的一个强有力的工具。交易税收契约明显区别于政府与纳税人之间的法定税收契约，如果我们给交易税收契约一个准确概念，可以表述如下：交易税收契约是利益相关者在经济交易中所形成的有关财产权利流转的有关税收方面的协议或约定。

从税收筹划角度分析，交易税收契约的引入，可以指导企业与其利益相关者签订理性的税收契约，在更大范围内、更主动地巧妙安排纳税理财事宜，有效开展税收筹划，实现企业与其利益相关者的双赢。

3. 交易税收契约的实施机制

交易税收契约是经济交往的当事人为了降低交易成本、获得经济利益而缔结的协议和约定。交易税收契约符合法定税收契约的基本框架约束。在法定税收契约框架下，缔约各方为实现自身利益最大化，主要依靠自律与自我实施，即缔约各方根据合同或协议履行各自的权利与义务，实现税收利益和其他经济利益的最大化目标。

交易税收契约与法定税收契约相比，契约的“不完备性”更加明显，这种不完备性增加了缔约各方灵活应对商业形势变化的便利，也增加了交易税收契约履行的难度。交易税收契约的履行需要依靠契约团结或者共同意识。交易中的企业一般假定会持续经营，因此，企业和其利益相关者之间的经济关系也可以看作是长期的。这种长期合作不论是采取签订一次次独立的短期合约的方式，还是采取一次签订一种长期合约的方式，都使得交易缔约各方形成一种长期的、信息不完备下的动态博弈关系。在长期的博弈中，即使交易活动的参与者极为注重短期利益，也会有动机假冒成注重长期合作的参与者从而获得长期利益的最大化。交易税收契约的履行要依赖缔约各方长期的合作博弈，而不是短期的、一次性的竞争博弈。

因此，交易税收契约实施的核心机制是要建立起公平、透明的信息披露制度，并接受社会中介组织或者政府监督。因此，交易税收契约的实施机制是建立在信息披露制度和诚信原则基础上的，而交易税收契约的最终履行是依靠缔约各方长期博弈中建立的“声誉”来维护的。

4. 交易税收契约下的税收筹划类型划分

基于交易税收契约的安排，纳税人可以采取创新型的税收筹划策略来达到筹划节税的目的。根据企业及其利益相关者的税收利益关系，税收筹划被划分为以下四种类型：偏利税收筹划、零和税收筹划、多赢税收筹划和混合税收筹划，如图2－6所示。

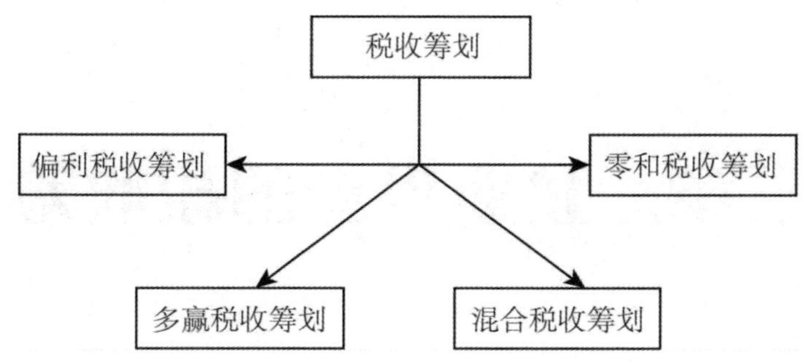

图 2－6　税收筹划的类型划分

（1）偏利税收筹划。主动筹划方享受筹划所带来的税收利益，而对其利益相关者无害也无利。换句话说，偏利税收筹划使得企业的涉税风险及税收负担降低而不对利益相关者产生任何影响，但有时可能需要利益相关者的支持和配合。偏利税收筹划的显著特征是其偏利性，即税收筹划所创造出来的价值，主要分配给筹划者一方。由于利益相关者没有收益也没有损失，他们并不热衷于这种筹划活动，但出于建立战略联盟或维护良好合作关系的考虑，他们可能会支持或配合企业的这种筹划活动。如企业改变交易模式进行税收筹划，可能需要客户在签订交易合约时予以配合，因为交易模式的改变可能会导致交易合约的改变。当然，纳税人的税收筹划也可能不需要利益相关者参与或者配合，如企业自身创造条件单方面享受税收优惠政策就属于纯粹的偏利税收筹划。

（2）零和税收筹划。零和税收筹划给企业带来一定的税收利益，但其利益相关者却因此蒙受与企业税收利益等额的税收损失，即双方的税收利益与税收损失之和为零。这虽然对双方总体的利益没有影响，但对于任何一方都会产生重大影响，反映为税收利益在双方之间的等量转移，体现着双方税收利益的再分配。因此，来自利益相关者的阻力会使企业的零和税收筹划难以付诸实施。但这种策略的运用也并非不可能，如果企业承诺给予利益相关者一定的补偿或其他利益，也可能会使利益相关者接受，这就有赖于双方的“交易协商”了。例如，税收筹划中的税负转嫁筹划就属于典型的零和税收筹划。

（3）多赢税收筹划。税收筹划给企业带来税收利益的同时，也给其利益相关者带来一定的税收利益，即双方都从税收筹划活动中受益。由于企业是主动的，主动获取税收利益、追逐利润是其天性使然；而利益相关者是被动的，被动地享受税收筹划带来的好处，所以，利益相关者非常愿意甚至热衷于参与这种筹划活动。多赢税收筹划是一种最佳的税收战略合作模式，有时可能涉及三方或者三方以上的利益相关者，这时税收筹划所带来的利益在企业及其利益相关者之间分配。

（4）混合税收筹划。税收筹划因其复杂性及关联性可能带给企业及其利益相关者更多可能的利益结果，如企业的一项税收筹划活动，可能对同一利益相关者产生多层面、多角度的综合影响，可能涵盖上述三种情况中的两种或两种以上的组合。这种情况完全可以拆解为上述三种情况的组合，这里不再赘述。

第三章　企业设立的税收筹划

第一节　居民企业与非居民企业的税收筹划

一、居民企业的设立与税收筹划

（一）居民企业

《企业所得税法》第二条规定：企业分为居民企业和非居民企业。

这里所指的居民企业，指依法在中国境内成立，或者依照外国（地区）法律成立但实际管理机构在中国境内的企业。居民企业包括两大类：一类是依照中国法律、行政法规在中国境内成立的企业、事业单位、社会团体以及其他取得收入的组织；另一类是依照外国（地区）法律成立，但实际管理机构在中国境内的企业和其他取得收入的组织。

需要解释的是，“依法在中国境内成立的企业”中的“法”是指中国的法律、行政法规。目前我国法人实体中各种企业及其他组织类型分别由各个领域的法律、行政法规作出规定。如《中华人民共和国公司法》《中华人民共和国全民所有制工业企业法》《中华人民共和国乡镇企业法》《事业单位登记管理暂行条例》《社会团体登记管理条例》《基金会管理办法》等，都是有关企业及其他取得收入的组织成立的法律法规依据。

居民企业如果是依照外国法律成立的，必须具备其实际管理机构在中国境内这一条件。所谓的“实际管理机构”是指对企业的生产经营、人员、账务、财产等实施实质性全面管理和控制的机构。我国借鉴国际惯例，对“实际管理机构”作出了明确的界定，这里所指的“实际管理机构”通常要求符合以下三个条件。

第一，对企业有实质性管理和控制的机构。实际管理机构与名义上的企业行政中心不同，它是企业真实的管理中心。一个企业在利用资源和取得收入方面往往和其经营活动的管理中心联系密切。国际私法中对法人所在地通常采取“最密切联系地”的标准，也符合实质重于形式的原则。税法将实质性管理和控制作为认定实际管理机构的标准之一，有利于防止外国企业逃避税收征管，从而保障我国的税收主权。

第二，对企业实行全面管理和控制的机构。如果该机构只是对该企业的一部分或并不关键的生产经营活动进行影响和控制，比如只是对在中国境内的某一个生产车间进行管理，则不被认定为实际管理机构。只有对企业的整体或者主要的生产经营活动有实际管理和控制，对企业的生产经营活动负总体责任的管理机构，才符合实际管理机构标准。

第三，管理和控制的内容是企业的生产经营、人员、账务、财产等。这是界定实际管理机构的最关键标准，尤其强调人事权和财务权的控制。比如，到中国投资的许多外国企业，如果其设在中国的管理机构冠以“亚太区总部”“亚洲区总部”等字样，一般都被认定为实际管理机构，对企业具有实质性管理和控制的权力。比如，在我国注册成立的通用汽车（中国）公司，就是我国的居民企业；在英国、美国、百慕大群岛等国家和地区注册的企业，但实际管理机构在我国境内的，也是我国的居民企业。

（二）居民企业的税收政策

居民企业承担全面的纳税义务。居民企业应当就其来源于中国境内、境外的所得缴纳企业所得税。居民企业承担全面纳税义务，对本国居民企业的一切所得纳税，即居民企业应当就其在中国境内、境外的所得缴纳企业所得税。

这里指的所得，包括销售货物所得、提供劳务所得、转让财产所得、股息红利等权益性投资所得、利息所得、租金所得、特许权使用费所得、接受捐赠所得和其他所得。

（三）属于居民企业的公司制企业的税收政策

公司制企业属于法人实体，有独立的法人财产，享有法人财产权。公司以其全部财产对公司的债务承担有限责任。公司制企业一般分为有限责任公司和股份有限公司两大类。《中华人民共和国公司法》还规定了两种特殊形式的有限责任公司：一人有限公司和国有独资公司。

无论是有限责任公司还是股份有限公司，作为法人实体，我国税法均作出了统一规定，即公司制企业应对其实现的利润总额作相应的纳税调整，并缴纳企业所得税，如果向自然人投资者分配股息或红利，还要代扣投资者 20% 的个人所得税。对于投资国内（沪市和深市）上市公司的自然人股东，对其所获得的股息红利所得，减按 10% 的税率征收个人所得税。

目前，我国还处于社会转型期，国有独资公司作为拥有大量国有资产的国有企业还享受一些税收优惠政策。比如国有独资企业之间划拨土地、房产等各类资产以及国有独资企业改制时，免征资产交易过程中的契税和企业所得税等。

就税收负担而言，公司形式应该是股份有限公司为佳，其原因有二：第一，世界各国税法中鼓励投资的有关税收减免条款一般针对股份有限公司；第二，有利于股东降低税收。《国家税务总局关于股份制企业转增股本和派发红股征免个人所得税的通知》（国税发〔1997〕198 号）规定：股份制企业用资本公积金转增股本不属于股息、红利性质的分配，对个人取得的转增股本数额，不作为个人所得，不征收个人所得税。

二、非居民企业的设立与税收政策

（一）非居民企业

非居民企业，指依照外国（地区）法律成立且实际管理机构不在中国境内，但在中国境内设立机构、场所的，或者在中国境内未设立机构、场所，但有来源于中国境内所得的企业。

这里所说的机构、场所，指在中国境内从事生产经营活动的机构、场所，包括以下情形：

第一，管理机构、营业机构、办事机构。管理机构是指对企业生产经营活动进行管理决策的机构；营业机构是指企业开展日常生产经营活动的固定场所，如商场等；办事机构是指企业在当地设立的从事联络和宣传等活动的机构，如外国企业在中国设立的代表处，往往为开拓中国市场进行调查和宣传等工作，为企业将来到中国开展经营活动打下基础。

第二，工厂、农场、开采自然资源的场所。这三类场所属于企业开展生产经营活动的场所。工厂是工业企业，如制造业的生产厂房、车间所在地。农场在此为广义概念，包括《中华人民共和国农业法》第九十八条规定的“农场、牧场、林场、渔场”等农业生产经营活动的场所。开采自然资源的场所主要是采掘业的生产经营活动场所，如矿山、油田等。

第三，提供劳务的场所。提供劳务的场所包括从事交通运输、仓储租赁、咨询经纪、科学研究、技术服务、教育培训、餐饮住宿、中介代理、旅游、娱乐、加工以及其他劳务服务活动的场所。

第四，从事建筑、安装、装配、修理、勘探等工程作业的场所。包括建筑工地、港口码头、地质勘探场地等工程作业场所。

第五，其他从事生产经营活动的机构、场所。

第六，非居民企业委托营业代理人在中国境内从事生产经营活动的，包括委托单位和个人经常代其签订合同，或者储存、交付货物等，该营业代理人视为非居民企业在中国境内设立的机构、场所。

（二）非居民企业的税收政策

第一，非居民企业在中国境内设立机构、场所的，应当就其所设机构、场所取得的来源于中国境内的所得，以及发生在中国境外但与其所设机构、场所有实际联系的所得，缴纳企业所得税。

这里所说的实际联系，指非居民企业在中国境内设立的机构、场所拥有据以取得所得的股权、债权，以及拥有、管理、控制据以取得所得的财产等。例如，日本一家企业在中国设立营业机构（非实际管理机构），属于中国的非居民企业，如果该营业机构对中国境内的一家中国企业进行股权投资，其所获得的股息、红利等权益性收益就可以认定为与该营业机构有实际联系的所得，应就其股息、红利所得缴纳企业所得税。

第二，非居民企业在中国境内未设立机构、场所的，或者虽设立机构、场所但取得的所得与其所设机构、场所没有实际联系的，应当就其来源于中国境内的所得缴纳企业所得税。

由于非居民企业的税收政策相对复杂，且适用较为复杂的税率制度，这里对非居民企业适用的税率归纳如图3－1所示。

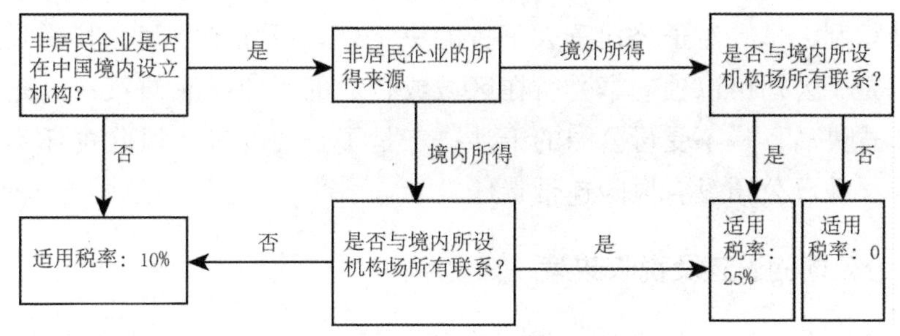

图3－1　非居民企业适用的税率

居民企业和非居民企业都属于企业所得税的纳税人，我国之所以对居民企业与非居民企业进行合理划分，关键是为了区分纳税义务，这将会对不同纳税主体的税收活动产生深远影响。

第二节　分支机构的设立与税收筹划

一、分支机构的设立与税收政策

分支机构的所得税缴纳有以下两种方式：一种是分支机构独立申报纳税；另一

种是分支机构集中到总公司汇总纳税。采用何种方式纳税关键取决于分支机构的性质——是否为独立纳税人。同时，受分支机构的盈亏状况、所处地区的税率及资金控制等因素影响，不同纳税方式会使企业当期及未来各期的税负水平产生较大差异。

《中华人民共和国公司法》第十四条规定："分公司不具有法人资格，其民事责任由公司承担""子公司具有法人资格，依法独立承担民事责任。"

（一）子公司的设立及税收政策

子公司是对应母公司而言的，是指被另一家公司（母公司）有效控制的下属公司或者是母公司直接或间接控制的一系列公司中的一家公司。子公司因其具有独立法人资格，而被设立的所在国视为居民企业，通常要履行与该国其他居民企业一样的全面纳税义务，同时也能享受所在国为新设公司提供的免税期或其他税收优惠政策。但建立子公司一般需要复杂的手续，财务制度较为严格，必须独立开设账簿，并需要复杂的审计和证明，经营亏损不能冲抵母公司利润，与母公司的交易往往是税务机关反避税审查的重点内容。

子公司属于独立的法人企业，拥有独立的财产权，一般独立对外开展经营活动，与母公司之间没有连带责任。母公司作为子公司的控股公司，仅在控股权基础上对子公司行使权利，享有对子公司重大事务的决定权。设立子公司，其税收筹划有如下优势：一是子公司可以独立享受所在区域或行业的税收优惠政策；二是子公司的利润分配形式灵活，且不受母公司的干涉；三是子公司的税务风险责任不会给母公司造成影响，即母公司没有风险连带责任。

（二）分公司的设立及税收政策

分公司是指公司独立核算的、进行全部或部分经营业务的分支机构，如分厂、分店等。分公司是企业的组成部分，没有独立的财产权，不具有独立的法人资格，其经营活动所有后果均由总公司承担。

《企业所得税法》第五十条规定："居民企业在中国境内设立不具有法人资格的营业机构的，应当汇总计算并缴纳企业所得税。"汇总纳税是指一个企业总机构和其分支机构的经营所得，通过汇总纳税申报的办法实现所得税的汇总计算和缴纳。我国实行法人所得税制度，不仅是引入和借鉴国际惯例的结果，也是实现所得税调节功能的必然选择。法人所得税制要求总公司与分公司汇总计算缴纳企业所得税。因此，设立分支机构，使其不具有法人资格，就可由总公司汇总缴纳所得税。这样可以实现总、分公司之间盈亏互抵的目标，合理减轻税收负担。

跨地区经营的总分公司必须汇总纳税企业所得税，国家税务总局公告2012年第57号文件规定，汇总纳税企业实行"统一计算、分级管理、就地预缴、汇总清算、财政调库”的企业所得税征收管理办法。总机构按以下公式计算分摊税款：

总机构分摊税款 = 汇总纳税企业当期应纳所得税额 ×50%

分支机构按以下公式计算分摊税款：

所有分支机构分摊税款总额二汇总纳税企业当期应纳所得税额 ×50%

某分支机构分摊税款 = 所有分支机构分摊税款总额 × 该分支机构分摊比例

总机构应按照上年度分支机构的营业收入、职工薪酬和资产总额三个因素计算各分支机构分摊所得税款的比例；三级及以下分支机构，其营业收入、职工薪酬和资产总额统一计入二级分支机构；三因素的权重依次为0. 35、0. 35、0. 30。

计算公式：

某分支机构分摊比例 = （该分支机构营业收入/各分支机构营业收入之和） × 0. 35 + （该分支机构职工薪酬/各分支机构职工薪酬之和） ×0. 35 + （该分支机构资产总额/各分支机构资产总额之和） ×0. 30。

总之，设立分公司有如下税收筹划优势：一是分公司与总公司之间的资本转移因不涉及所有权变动，不必纳税；二是分公司交付给总公司的利润不必纳税；三是经营初期分公司的经营亏损可以冲抵总公司的利润，减轻税收负担。

二、选择分支机构形式的税收筹划

根据分公司及子公司的不同税收特征，下面进行选择分支机构形式的决策分析。假设分支机构与总机构都不存在税收优惠情形，根据总机构与分支机构预计的盈亏程度及税率的不同，可分为八种情况讨论，如图 3 – 2 所示。

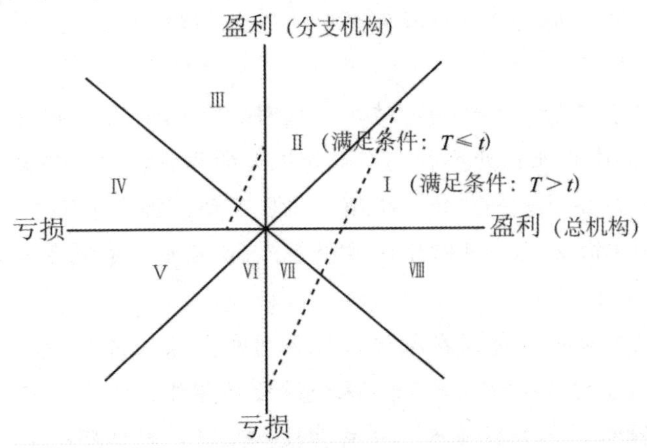

图 3 – 2　选择分支机构形式的决策模式

图 3 – 2 中，横轴表示总机构的预计盈亏状况，纵轴表示分支机构的预计盈亏状况。t 表示分支机构的税率，T 表示总机构的税率。由于我国存在多层面优惠政策，企业所得税存在 25% 、20% 、15% 等多种税率，这里分别讨论 $T > t$ 和 $T \leq t$ 两种情

况，图中虚线区域表示采用分公司形式合适，其余区域表示采用子公司与分公司形式没有差别。

在第Ⅰ种、第Ⅱ种情况下，总机构与分支机构预计皆为盈利，则分支机构不论采取哪种形式，企业（集团）应纳税额都相等。若要求子公司将税后利润分回母公司，在第Ⅰ种情况下，按规定联营企业分回利润要就税率差补税（如果属于正常法定低税率则不需要补税），因此采用分公司形式更为有利。第 n 种情况下，不涉及补税也没有退税，故不影响上述结论。

在第Ⅲ种、第Ⅳ种情况下，总机构预计亏损，分支机构预计盈利。分支机构最好采用分公司形式，能够在当期就利用净经营亏损，可使企业当期应纳税额减少。

在第Ⅴ种、第Ⅵ种情况下，总机构与分支机构预计皆为亏损，则分支机构不论采取哪种形式对企业（集团）的应纳税额影响都一样。

在第Ⅶ种、第Ⅷ种情况下，总机构预计盈利，分支机构预计亏损。虽然两种情况下，企业（集团）应纳税额相同，但采用分公司形式可以推迟纳税。

在设立分公司与子公司的选择筹划中，还要考虑分支机构所处的区域优势及其享受税收优惠政策的情况。若分支机构单独运作，其所享受的税收优惠优于母公司时，分支机构应采用子公司形式，反之采用分公司形式。还要考虑到分支机构初期经营情况，由于开办费、市场风险等因素的存在很容易导致分支机构出现亏损，所以在分支机构组建初期，最好采用分公司形式；当分公司开始盈利后，可以再把分公司设法转变为子公司，这样可能会收到较好的税收效果。

【案例】深圳新营养技术生产公司，为扩大生产经营范围，准备兴建一家芦笋种植加工企业——M子公司，在选择芦笋加工企业组织形式时，该公司进行如下税收分析。

芦笋是一种根基植物，在新的种植区域播种，达到初次具有商品价值的收获期需要4～5年，这样使企业在开办初期面临着很大的亏损，但亏损会逐渐减少。经估计，此芦笋种植加工公司第一年的亏损额为200万元，第二年的亏损额为150万元，第三年的亏损额为100万元，第四年的亏损额为50万元，第五年开始盈利，盈利额为300万元。

新营养技术生产公司总部设在深圳，属于国家重点扶持的高新技术公司，适用的公司所得税税率为15%。该公司除在深圳设有总部外，还有一H子公司，适用的税率为25%；经预测，未来五年内，新营养技术生产公司总部的应税所得均为1000万元，H子公司的应税所得分别为300万元、200万元、100万元、0、－150万元。

经分析，现有三种组织形式方案可供选择。

方案一：将芦笋种植加工企业建成具有独立法人资格的M子公司。

方案二：将芦笋种植加工企业建成非独立核算的分公司。

方案三：将芦笋种植加工企业建成H子公司的分公司。

上述三种方案，应该选择哪一种，可以使整体税负最低？

案例解析：现将上述三种方案作以下分析。

方案一：将芦笋种植加工企业建成具有独立法人资格的M子公司。

因子公司具有独立法人资格，属于企业所得税的纳税人，按其应纳税所得额独立计算缴纳企业所得税。

在这种情况下，该公司包括三个独立纳税主体：深圳新营养技术公司、H子公司和M子公司。在这种组织形式下，因芦笋种植加工企业——M子公司是独立的法人实体，不能和深圳新营养技术公司或H子公司合并纳税，所以，其所形成的亏损不能抵消深圳新营养技术公司总部的利润，只能在以后年度实现的利润中抵扣。

在前四年里，深圳新营养技术生产公司总部及其子公司的纳税总额分别为225万元（1000×15%+300×25%）、200万元（1000×15%+200×25%）、175万元（1000×15%+100×25%），150万元（1000×15%），四年间缴纳的企业所得税总额为750万元。

方案二：将芦笋种植加工企业建成非独立核算的分公司。

因分公司不同于子公司，它不具备独立法人资格，不独立建立账簿，只作为分支机构存在。按税法规定，分支机构利润与其总部实现的利润合并纳税。深圳新营养技术生产公司仅有两个独立的纳税主体：深圳新营养技术公司总部和H子公司。

在这种组织形式下，因芦笋种植加工企业作为非独立核算的分公司，其亏损可由深圳新营养技术公司用其利润弥补，降低了深圳新营养技术公司第一年至第四年的应纳税所得额，使深圳新营养技术公司的应纳所得税得以延缓。

在前四年里，深圳新营养技术生产公司总部、子公司及分公司的纳税总额分别为195万元（1000×15%－200×15%＋300×25%）、177.5万元（1000×15%－150×15%＋200×25%），160万元（1000×15%－100×15%＋100×25%），142.5万元（1000×15%－50×15%），四年间缴纳的企业所得税总额为675万元。

方案三：将芦笋种植加工企业建成H子公司的分公司。

在这种情况下，芦笋种植加工企业和H子公司合并纳税。此时深圳新营养技术生产公司有两个独立的纳税主体：深圳新营养技术公司总部和H子公司。在这种组织形式下，因芦笋种植加工企业作为H子公司的分公司，与H子公司合并纳税，其前四年的亏损可由H子公司当年利润弥补，降低了H子公司第一年至第四年的应纳税所得额，不仅使H子公司的应纳所得税得以延缓，而且使得整体税负下降。

在前四年里，深圳新营养技术生产公司总部、子公司及分公司的纳税总额分别为175万元（1000×15%＋300×25%－200×25%）、162.5万元（1000×15%＋200×25%－150×25%）、150万元（1000×15%＋100×25%－100×25%），150万

元（1000×15%），四年间缴纳的企业所得税总额为637.5万元。

通过对上述三种方案的比较，应该选择第三种组织形式，将芦笋种植加工企业建成H子公司的分公司，可以使整体税负最低。

第三节 各类经济组织的选择与税收筹划

一、公司制企业与非公司制企业选择的税收筹划

按照我国法律规定，企业有公司制企业和非公司制企业之分。非公司制企业主要指个人独资企业与合伙企业，公司制企业主要指有限责任公司和股份有限公司。

公司制企业属于企业法人，有独立的法人财产，享有法人财产权。无论是有限责任公司还是股份有限公司，公司制企业应对其利润总额作相应的纳税调整，并缴纳企业所得税，如果向自然人投资者分配股息或红利，还要代扣投资者20%的个人所得税。

由于我国税法对于个人独资企业、合伙企业只征收个人所得税，而对于公司制企业，既要征收企业所得税又要征收个人所得税，这通常被称为“双重征税”。但由于存在股息红利和资本利得之间可能的转化通道以及资本利得税率偏低甚至免征的优惠待遇，公司制企业的“双重征税”下的总税负并不必然多于个人独资企业或合伙企业缴纳的税款。因此，在组织形式选择决策中，存在个人独资企业、合伙企业与公司制企业之间的选择与筹划。

下面构建一个比较合伙企业或独资企业与公司的税后收益的模型。该模型假定：公司的税前收益率为R_c、合伙企业的税前收益率为R_p，假定R_c和R_p在不同时期均保持不变。公司所得税税率为t_c，个人所得税税率为t_p，资本利得税税率为t_g。由于存在非税因素，合伙企业的生产经营和投融资活动面临较高的管理成本。在缴纳公司所得税之后、个人所得税之前，公司的收益率为r_c，且$r_c = R_c(1 - t_c)$，合伙企业缴纳个人所得税之前的收益率为r_p，且$r_p = R_p(1 - t_p)$。假定该投资项目持续期为n年，n年后公司清算买回所有的股票，且公司中间不对股东支付股利或分配利润。

如果项目是在合伙企业中实施，当取得收入时，合伙人以税率t_p缴纳税款，则合伙人1美元的原始投资n年后的税后累计收益：$[1 + R_p(1 - t_p)]^n$

如果项目是在公司实施，则n年后公司清算买回所有的股票时，股东投入公司的1美元投资的税收累计收益：$[1 + R_c(1 - t_c)]^n - t_g\{[1 + R_c(1 - t_c)]^n - 1\}$。

当合伙企业与公司的税后收益率相等时，合伙企业形式与公司形式的税收筹划决策效果没有差异，令此时公司层次的税后收益率的均衡临界值为r_c^*：

$$[1+R_p(1-t_p)]^n=[1+R_c(1-t_c)]^n-t_g\{[1+R_c(1-t_c)]^n-1\}$$

整理可得：$r_c^*=\{[(1+r_p)^n-t_g]^{1/n}/(1-t_g)^{1/n}\}-1$

根据以上公式可知，r_c^*受到以下因素的影响：合伙企业缴纳个人所得税之前的收益率r_p、资本利得税税率t_g，以及投资项目持续期n。从税收角度来看，如果公司层次的税后收益率大于r_c^*，则投资者选择公司形式更合适；如果公司层次的税后收益率小于r_c^*，则投资者选择合伙企业形式更合适。

虽然公司制企业的出现晚于个人独资、合伙企业，但公司制企业相对较为进步，这不仅体现在公司较低的运作风险方面，还体现在公司税收方面的独特优势：公司在冲抵损失时不限于当期利润，损失甚至可以延续冲抵未来的利润；公司能够在合理范围内税前列支有利于雇员的年金支出；公司还能够在所得税扣除方面税前列支更多类型的成本费用项目。这些都是个人独资企业、合伙企业无可比拟的。

二、个人独资企业、合伙企业的设立与筹划

我国对个人独资企业、合伙企业从2000年1月1日起，比照个体工商户的生产、经营所得，适用五级超额累进税率仅征收个人所得税。公司制企业需要缴纳企业所得税。向个人投资者分配股息、红利的，还要代扣其个人所得税（投资个人分回的股息、红利，税法规定适用20%的比例税率）。

一般来说，企业设立时应合理选择纳税主体的身份，选择的一般思路如下：

第一，从总体税负角度考虑，独资企业、合伙制企业一般要低于公司制企业，因为前者不存在重复征税问题，而后者一般涉及双重征税问题。

第二，在独资企业、合伙制企业与公司制企业的决策中，要充分考虑税基、税率和税收优惠政策等多种因素，因为最终税负的高低是多种因素起作用的结果，不能只考虑一种因素。

第三，在独资企业、合伙制企业与公司制企业的决策中，还要充分考虑可能出现的各种风险。

【案例】李先生投资兴办一个企业，年应纳税所得额为100万元。该企业如果注册登记为个人独资企业，应按照个人所得税个体工商户生产经营所得纳税，所得税负担为多少？如注册为有限责任公司，所得税负担为多少？

案例解析：该企业注册登记为个人独资企业，所得税负担如下所示。

1000000×35%－14750＝335250（元）

税后利润＝1000000－335250＝664750（元）

但如果该企业注册为有限责任公司，则应首先以法人身份计算缴纳企业所得税，然后，其税后利润还应按照股息、红利所得计缴个人所得税，所得税负担如下所示。

1000000×25%＋1000000×（1－25%）×20%＝400000（元）

税后利润 =1000000 - 400000 =600000（元）

可见，有限责任公司比个体工商户多缴所得税64750元。

另外，如果投资成立的是合伙制企业，虽然也仅需要缴纳个人所得税，但由于现行税制规定每一个合伙人单独按照其所获得的收益计缴个人所得税，因此，使投资人有更多机会按照相对较低的税率计税，其总体税负会比独资企业更低。

按照前例，如果李先生与三位朋友共同兴办一家私人合伙制企业，每人投资均为25%，年应纳税所得额为100万元。其所得税负担如下所示。

[（1000000 ÷4）×35% -14750] ×4 =291000（元）

比个人独资企业少缴所得税金额 =335250 -291000 =44250（元）

公司制企业所得税税率采用25%的比例税率，这意味着无论企业应纳税所得额多大，其税收负担率是不变的（小型微利企业税率为20%）；而个人所得税对生产经营性收入采用五级超额累进税率，这意味着应纳税所得额越大，其税收负担率越高。从个人所得税生产经营所得适用的五级超额累进税率表可以看出，个体工商户的应税所得额在3万元时，适用的边际税率为20%，由于超额累进税率计税时应将以前级次适用低税率部分的差额减除，因此其实际税率为7.5%［（30000 ×20% -3750）÷30000 ×100%］。应税所得额在6万元时，适用的边际税率为30%，其实际税率是13.75%［（60000 ×30% -9750）÷60000 ×100%］。应税所得额为10万元时，适用的边际税率为35%，其实际税率是20.25%［（100000 ×35% -14750）÷100000 ×100%］。随着应税所得的增加，个体工商户的实际税率还会逐渐增加。

因此，如单纯比较企业所得税与个人所得税生产经营收入的负担率，会出现应纳税所得额较少时，企业所得税负担率高于个人所得税生产经营收入负担率；而应纳税所得额较多时，企业所得税负担率低于个人所得税生产经营收入负担率的情况。

当应纳税所得额为3万元时，如按企业所得税计算，应纳税额：

30000 ×20% =6000（元）

如按个人所得税生产经营所得计算，应纳税额：

30000 ×10% -750 =2250（元）

按企业所得税计税比按个人所得税计税多缴税3750（6000 -2250）元。

而当应纳税所得额为200万元时，如按企业所得税计算，应纳税额：

2000000 ×25% =500000（元）

如按个人所得税生产经营所得计算，应纳税额：

2000000 ×35% -14750 =685250（元）

按企业所得税计税比按个人所得税计税反而少缴税185250（685250 -500000）元。

三、私营企业、个体工商户的选择与筹划

私营企业亦称私有企业，是由私人投资经营的企业，有资本家私人企业、劳动者私人企业等类型。其生产资料和产品属私人所有，经营活动由自己或雇用的管理人员管理，资金来源有私人独自集资或债券集资、贷款投资、发行股票等。我国现阶段允许私有企业的存在和发展，鼓励外国资本家依法在中国投资建立各种形式的私人联合企业。

个体工商户是个体经济单位，它以劳动者个人及其家庭成员为主体，用自有的劳动工具及生产资料、资金，经国家有关部门登记，独立地从事生产、经营活动。主要存在于各种小型手工业、零售商业、饮食业、服务业、运输业等生产、劳务部门。

按照现行税法规定，私营企业适用《企业所得税法》，其税率是25%；个体工商户适用《中华人民共和国个人所得税法》，税率如表3-1所示。

表3-1 个体工商户适用的个人所得税税率

级数	含税级距	税率	速算扣除数
1	不超过30000元的部分	5%	0
2	超过30000元至90000元的部分	10%	1500
3	超过90000元至300000元的部分	20%	10500
4	超过300000元至500000元的部分	30%	40500
5	超过500000元的部分	35%	65500

注：表中所列含税级距为按照税法规定减除有关费用后的所得额；含税级距适用于个体工商户的生产经营所得和由纳税人负责税款的承包经营、承租经营所得。

第四章　投资决策的税收筹划

第一节　投资地点选择的税收筹划

一、境内投资地点的选择

在我国境内投资，从税负角度来说，应主要考虑所得税的因素。为了鼓励高新技术产业发展和扶持贫困地区的经济发展，我国制定了不同地区税负差别化的税收优惠政策。

在其他投资条件相同的情况下，一般应考虑在税负低的地区进行投资。

（一）利用西部大开发的税收优惠政策

重庆市、四川省、贵州省、云南省、西藏自治区、陕西省、甘肃省、宁夏回族自治区、青海省、新疆维吾尔自治区、新疆生产建设兵团、内蒙古自治区和广西壮族自治区，以及湖南省湘西土家族苗族自治州、湖北省恩施土家族苗族自治州、吉林省延边朝鲜族自治州，自 2011 年 1 月 1 日至 2020 年 12 月 31 日，对设在上述地区的鼓励类产业企业减按 15% 的税率征收企业所得税。

（二）利用新疆困难地区新办企业所得税优惠政策

为支持新疆经济社会发展，2010 年 1 月 1 日至 2020 年 12 月 31 日，对在新疆困难地区新办的属于《新疆困难地区重点鼓励发展产业企业所得税优惠目录》范围内的企业，自取得第一笔生产经营收入所属纳税年度起，第一年至第二年免征企业所得税，第三年至第五年减半征收企业所得税。

因此，企业完全能够而且有必要在投资之前，充分考虑基础设施、金融环境等外部因素，选择整体税收负担相对较低的地区进行投资，以获得最大的税收利益。一般做法：在低税地区创办企业，即利用低税地区的各种优惠政策，其业务活动自然也可以扩大到非低税地区；或在低税地区设置关联机构，将更多利润留在低税地区，以降低总体税负。但是企业一旦选择了在“老、少、边、穷”地区投资，必须考虑这些地区的硬件环境、软件环境及需求状况，以免为了节税影响企业盈利，得不偿失，这是企业投资前应当慎重考虑的。

二、跨国投资地点的选择

如果进行跨国投资，仅从税收角度出发，一要考虑宏观税负的高低；二要考虑所涉及的主要税种及其税负的高低；三要考虑税收结构；四要考虑居住国与投资地所在国关于避免双重征税的政策规定。

从国外的情况看，有的国家或地区不征收所得税，有的国家的所得税税率高于或者低于我国。因此，投资地点不同，税收负担会有差别，最终影响投资收益。对于跨国投资者，还应考虑有关国家同时实行居民管辖权和收入来源地管辖权而导致对同一项所得的双重征税，以及为避免国际间双重征税的双边税收协定有关税收抵免的具体规定，以进行投资国别或地区选择。

公司所得税是世界上开征相当普遍的一个税种。根据对220个国家和地区的最新跟踪检索，截至2010年上半年，世界各国公司所得税的基本状况是，普遍征收公司所得税的国家和地区有203个，没有开征公司所得税或者对普通企业征收所得税时适用零税率的国家和地区仅为17个。

公司所得税以比例税率为主，实行累进税率的国家和地区日趋减少。2010年实行不同形式累进税率的国家和地区只有13个：法属波利尼西亚（按成本利润率累进）；利比亚（15%～40%六级超额累进）；列支敦士登（按资本利润率累进）；澳门（0%～12%三级超额累进）；缅甸（外币所得5%～40%十五级超额累进）；叙利亚（10%～28%五级超额累进）；塔吉克斯坦（按销售利润率25%、13%、8%三级超率累退）；委内瑞拉（15%～34%三级超额累进）；美国以及美属萨摩亚、美属维尔京群岛、关岛、北马里亚纳群岛，实行15%－39%～35%八级超额累进累退混合税率；北马里亚纳群岛另征的毛收入税实行1.5%～5%六级超额累进税率。另有一些国家和地区对中小企业在规定的所得限额内实行优惠税率，从而实质上形成两级或多级超额累进税率，主要如亚美尼亚、比利时、马尔维纳斯群岛、匈牙利、日本、基里巴斯、韩国、立陶宛、马来西亚、蒙古、荷兰、新喀里多尼亚、葡萄牙、塞舌尔、南非、西班牙、泰国和英国等。此外，波多黎各虽然对普通公司所得税按20%比例税率征税，但开征的附加税实行5%～19%六级超额累进。

公司所得税综合税率存在持续下降的趋势：2010年220个国家和地区公司所得税综合平均税率约为24.6%，比2006年的26.9%下降了2.3个百分点，平均每年约下降0.57个百分点。2010年降低公司所得税税率的国家和地区至少有21个。自从美国1986年实行以降低税率、拓宽税基为基调的税制改革以来，世界上公司所得税税率普遍呈下降趋势，而且，近几年公司所得税税率的这种下降趋势并没有减弱，甚至有加强的迹象。从220个国家和地区公司所得税综合税率（未开征公司所得税的国家和地区按零税率计算）的初步计算看，2006年至2010年综合平均税率分别为26.9%、26.5%、25.6%、25.1%和24.6%，5年下降了约2.3个百分点，平均每年约降低0.46个百分点。

从综合税率水平的排序和分布状况看，2010年公司所得税综合税率在25%～35%的国家和地区比较集中，有104个。公司所得税综合税率除普通公司所得税率外，还包括公司缴纳的附加税、特别所得税、地方所得税等其他各项所得税的税率。在计算综合税率时，做了一些统一的技术处理：如与公司所得税具有替代性质的最低税、只对部分企业征收的所得税等不予考虑；实行累进税率的，按最高有效税率或最高边际税率计算；征收毛收入税的，统一按15%毛利率折算；对于所得附加税、特别所得税、地方所得税，虽然其税基与公司所得税不一定一致，但我们假定其为一致进行估算，不过对于附加税、地方税等允许在普通公司税前扣除的部分在计算时予以调整。

此外，不少国家的地方所得税各地税率不一，如美国、日本、德国、瑞士、意大利等，有的差别还比较大，对此按以下方式处理：有全国平均税率的，按平均税率计算；没有平均税率，但有多数地方采用的主流税率的，按主流税率计算；否则，根据地方税率的两极计算其平均值。研究发现，达到30%但不超过35%这一税率段的国家和地区最多，有56个，其中税率为30%的国家和地区有37个；达到25%但不超过30%这一税率段的国家和地区次之，有48个，其中税率为25%的国家和地区有31个，两者相加有104个，占203个国家的一半还多。2010年提高公司所得税税率的国家只有3个，它们是冰岛（从15%提高到18%）、洪都拉斯（附加税性质的团结税税率从5%提高到7%）、墨西哥（从28%临时提高到30%，2014年恢复到28%）。

企业进行投资时，应充分利用不同地区的税制差别或区域性税收倾斜政策，选择整体税负较轻的地区进行投资，提高投资收益率。表4－1为亚太地区主要国家（地区）公司所得税税率一览表。

表4－1　　亚太地区主要国家（地区）公司所得税税率一览表

国家或地区	税率	备注
日本	法人税税率30%，还有其他地方税，居民税6.21%，企业地方税7.56%，其法定税率达到43.77%	有效税率降至40.69%
印度	国内公司：33.66%（包括附加税） 外国公司：41.82%	另有最低替代税率：国内公司为11.22%；外国公司为10.455%

（续表）

国家或地区	税率	备注
韩国	14.3%（对第一个1亿韩元应税所得），27.5%（超过1亿韩元，包括10%的居民附加税）	
菲律宾	35%（主业务净所得），从经营的第四年度起，毛所得适用2%的最低公司所得税率	
新加坡	20%	2008年降至18%
泰国	30%（符合特定条件的可以降低税率）	
印度尼西亚	10%～30%	
斯里兰卡	33.33%，35%	另有15%的低税率，适用于非传统出口、农业、旅游推广、建筑业等
澳大利亚	30%	
越南	28%	
马来西亚	28%	
新西兰	33%	
中国香港	16.5%	税率较低，体现国际避税地的优势

注：表4－1提供了亚太主要国家（地区）的企业（公司）所得税税率。从表4－1中我们可以看到，我国《企业所得税法》所规定的25%的税率在亚太地区是有较强竞争力的，但是，国际上出现的减税趋势对我国也可能造成较大的影响和冲击。例如，新加坡从2008年起，税率从20%降为18%。中国香港作为国际税收优惠地区，其公司所得税税率仅为16.5%。

第二节 投资行业选择的税收筹划

一、流转税的行业税负差异

流转税主要通过对企业现金流量的影响约束企业的投资决策，在一定的时期内企业缴纳的流转税越多，企业在该时期的现金流量就越少，从而抑制企业的投资；反之，企业的现金流量增加将会刺激企业的投资。

我国现行税法在流转税方面是根据企业所属行业及从事经营业务内容分别规定按不同税种征收，即工商业企业提供加工劳务、邮政业、电信业服务、现代服务业及货物销售所获得的收入应缴纳增值税，其中，特定产品（如烟、酒、化妆品等共14大类商品）在缴纳增值税的同时还须缴纳消费税；建筑安装、金融保险等行业企业的经营收入应缴纳增值税。

为此，企业投资行业选择时应首先考虑未来经营收入应缴流转税的差异，尽管，从经济学原理角度讲，流转税可以转嫁他人负担，但实际能否转嫁、转嫁程度如何都会对企业的税收负担及税后利润造成不同影响。具体可从以下几个方面分析。

（一）适用税种差异

不同行业业务收入适用的税种不同，实际税负也大不相同。工商业企业销售收入缴纳增值税，税率有多档，13%、9%等，以增值额为计税依据，购进项目可作进项税额抵扣，税基较小。提供各类劳务企业缴纳增值税，名义税率为11%、6%、3%不等。

（二）适用税种数量差异

生产销售产品的工业企业，大部分商品销售收入只缴纳一道增值税；而生产消费税应税产品的企业则须缴纳增值税、消费税两道流转税，而且由于消费税是价内税，增值税与消费税计税依据通常是相同的，消费税税率高低既影响消费税应缴税款的多少，又影响增值税应缴税款的多少。

（三）适用税目差异

同样缴纳增值税、消费税，税目不同，适用税率不尽相同，税负轻重不同。不同类商品或劳务税率不同，如增值税；同类商品也会有税率高低的差别，如消费税。另外，还需考虑免税项目、出口退税率差别、进口征税时关税对增值税及消费税的影响等问题。

（四）其他差异

在混合销售、兼营（包括兼营不同税率、不同科目产品或劳务）时，实际适用税率、税种差异也会造成应缴税款的差别。

二、所得税的行业税负差异

所得税对企业投资决策的影响主要体现在其直接影响企业的税后利润水平，继而影响企业的投资收益和投资决策。虽然我国企业所得税对各行各业采用统一比例税率，但各种优惠政策仍然为企业选择投资行业提供了空间。

（一）工业、软件业税收优惠

1. 利用公共基础设施项目企业税收优惠政策

从事国家重点扶持的公共基础设施项目投资经营的所得，企业从事法规规定的国家重点扶持的公共基础设施项目的投资经营的所得，自项目取得第一笔生产经营收入所属纳税年度起，第一年至第三年免征企业所得税，第四年至第六年减半征收企业所得税，即“三免三减半”税法优惠政策。

2. 利用从事农、林、牧、渔业项目企业税收优惠政策

企业从事农、林、牧、渔业项目的所得，可以免征、减征企业所得税。企业投资于基础农业，如谷物种植可享受免征所得税。企业投资于高收益项目，如花卉、茶以及其他饮料作物和香料作物的种植；海水养殖、内陆养殖所得，减半征收企业所得税。

3. 利用环境保护、节能节水项目企业税收优惠政策

企业从事环境保护、节能节水项目，包括公共污水处理、公共垃圾处理、沼气综合开发利用、节能减排技术改造、海水淡化等，自项目取得第一笔生产经营收入所属纳税年度起，第一年至第三年免征企业所得税，第四年至第六年减半征收企业所得税，即“三免三减半”税法优惠政策。

4. 利用高新技术企业税收优惠政策

国家需要重点扶持的高新技术企业，减按15%的税率征收企业所得税。

5. 利用创业投资企业税收优惠政策

创业投资企业采取股权投资方式投资于未上市的中小高新技术企业2年以上（含2年）的，凡符合条件的可以按照其投资额的70%抵扣该创业投资企业的应纳税所得额；当年不足抵扣的，可以在以后纳税年度结转抵扣。

6. 利用资源综合利用企业税收优惠政策

企业综合利用资源，以《资源综合利用企业所得税优惠目录（2008年版）》规定的资源作为主要原材料，生产国家非限制和禁止并符合国家和行业相关标准的产品取得的收入，减按90%计入收入总额。

7. 利用国家扶持动漫产业发展税收优惠政策

（1）企业所得税：经认定的动漫企业自主开发、生产动漫产品，可申请享受国家现行鼓励软件产业发展的所得税优惠政策。

（2）进口关税和进口环节增值税：经国务院有关部门认定的动漫企业自主开发、生产动漫直接产品，确需进口的商品可享受免征进口关税和进口环节增值税的优惠政策。具体免税商品范围及管理办法由财政部会同有关部门另行制定。

8. 利用鼓励软件产业税收优惠政策

（1）软件生产企业实行增值税即征即退政策所退还的税款，由企业用于研究开发软件产品和扩大再生产，不作为企业所得税应税收入，不予征收企业所得税。

（2）我国境内新办软件生产企业经认定后，自获利年度起，第一年和第二年免

征企业所得税，第三年至第五年减半征收企业所得税。

（3）国家规划布局内的重点软件生产企业，如当年未享受免税优惠的，减按10%的税率征收企业所得税。

（4）软件生产企业的职工培训费用，可按实际发生额在计算应纳税所得额时扣除。

9. 利用鼓励集成电路产业发展的税收优惠政策

（1）集成电路设计企业视同软件企业，享受上述软件企业的有关企业所得税政策。

（2）集成电路生产企业的生产性设备，经主管税务机关核准，其折旧年限可以适当缩短，最短可为3年。

（3）2017年12月31日前设立但未获得的投资额超过80亿元人民币或集成电路线宽小于0.25微米的集成电路生产企业，可以减按15%的税率缴纳企业所得税，其中，经营期在15年以上的，从开始获利的年度起，第一年至第五年免征企业所得税，第六年至第十年按照25%的法定税率减半征收企业所得税。

（4）2017年12月31日前设立但未获利的集成电路线宽小于0.8微米（含）集成电路产品的生产企业，经认定后，自获利年度起，第一年和第二年免征企业所得税，第三年至第五年按照25%的法定税率减半征收企业所得税。

（二）节能服务产业税收优惠

1. 企业所得税

对符合条件的节能服务公司实施合同能源管理项目，符合企业所得税税法有关规定的，自项目取得第一笔生产经营收入所属纳税年度起，第一年至第三年免征企业所得税，第四年至第六年按照25%的法定税率减半征收企业所得税。

2. 增值税

对符合条件的节能服务公司实施符合条件的合同能源管理项目，将项目中的增值税应税货物转让给用能企业，暂免征收增值税。

（三）其他行业税收优惠政策

除流转税、所得税以外的一些税种具有更明显的行业税负差异。如资源税主要针对矿产等自然资源开采企业；土地增值税主要针对房地产开发企业；车辆购置税主要针对汽车销售企业。当企业投资于这类行业时，对相关各种税负必须作出测算，有时这类税种的税负甚至超过流转税、所得税税负。如当房地产开发企业增值额较大、增值率较高时，其所应缴纳的土地增值税往往会比所需缴纳的企业所得税还要多。

尽管我国主体税种、税制对不同行业是统一的（如企业所得税），即使有些不一致（如流转税），但从总体上看，同一类型税种各行业的税收负担是大致相同的，立法机构在制定税法时也尽量考虑各行业税负公平。但实际上由于各行业企业收入形式、成本费用水平等重要涉税因素都有很大差别，因此导致各行业企业实际税负水平会有较大不同。或者可以说，不同行业企业税负轻重不同，除了税法规定的差别以外，更重要的是行业业务内容的差别导致的。因此，在投资行业决策的涉税分析中，通常更需进行综合性的考虑。

第三节　投资方式选择的税收筹划

一、投资方式分类

在我国多税种复合型税制下，企业投资类型不同，需要缴纳的税款也不同，因此可按不同投资类型分析企业投资的税收效应。按投资者能否直接控制其投资资金的运用进行划分，可将企业投资分为直接投资与间接投资。

直接投资主要是指投资者用于开办企业、购置设备、收购和兼并其他企业等的投资行为，其主要特征是投资者能有效地控制各类投资资金的使用，并能实施全过程的管理。直接投资的形式多种多样，如投资开办一家新公司：以较高比例股份参与其他企业经营、对外扩张设立子公司或分公司、收购或兼并外部企业、开办中外合资公司等。

间接投资主要是指投资者购买金融资产的投资行为，依据具体投资对象的不同，间接投资又可分为股票投资、债券投资及其他金融资产投资，并可依据所投资证券的具体种类作进一步划分。如债券投资又可细分为国库券投资、金融债券投资、公司债券投资等。间接投资的特点是投资者在资本市场上可以灵活地购入各种有价证券和期货、期权等，并能随时进行调整和转移，有利于避免各类风险，但投资者一般不能直接干预和有效控制其投资资金的使用情况。

二、直接投资方式的税收筹划

直接投资涉税选择需考虑的因素有哪些？企业直接投资是一个长期的、极其复杂的事项，在投资过程中的涉税问题也同样错综复杂。但无论怎样复杂，涉税事项无非是税收成本的增减。企业选择投资项目，主要判断标准就是以最少的投入获得最大的收益。而税收成本的增加是一种现金净流出；税收成本的节减与现金流入具有同样的意义。

（一）项目之间的不同税收处理

国家税法有多种差异性条款，企业投资于不同项目常常会由于所适用的条款不同，导致税前收益与税后收益有很大差别。

【案例】A 公司现有一笔资金准备投资兴建一个项目，有甲、乙两个备选项目。其中甲项目预计年收入 1000 万元，成本费用 620 万元，计算企业所得税时，由于部分费用超过税法规定准予税前扣除的标准，故税前可扣除项目金额仅为 500 万元。乙项目预计年收入 960 万元，收入中有 200 万元可以按 90% 比例减计收入，成本费用 600 万元，均符合税法规定准予税前扣除的标准，可在税前全额扣除。

案例解析：两项目所得税税率为 20%，税收成本计算分析过程如表 4－2 所示。

表 4－2　甲、乙两项目的税收成本比较　单位：万元

项目	甲项目	乙项目
应纳税收入	1000	760＋200×90%＝940
成本费用	620	600
税前现金流	380	360
可扣除项目金额	500	600
所得税成本	（1000－500）×20%＝100	（940－600）×20%＝68
税后现金流	380－100＝280	360－68＝292

如果不考虑税收对不同项目的影响，甲项目（税前现金流 380 万元）收益优于乙项目（税前现金流 360 万元），但当考虑了税收对不同项目的影响后，则乙项目（税后现金流 292 万元）优于甲项目（税后现金流 280 万元）。

（二）税率的影响

企业投资项目在不同年度适用的边际税率不一定相同。所谓边际税率是指当纳税人再增加一单位应纳税所得额时所适用的税率。有的国家采用的所得税税率是累进税率，在这种情况下，当纳税人某年收入较少时，其所适用的边际税率就比较低；但当纳税人某年收入较多时，其所适用的边际税率就比较高。再如，虽然有的国家所得税规定的是比例税率，但对于那些可以享受定期税收优惠的企业来说，实际上不同年度所适用的边际税率是不同的。

《中华人民共和国企业所得税法实施条例》规定：企业从事国家重点扶持的公共基础设施项目的投资经营所得，从项目取得第一笔生产经营收入所属纳税年度起，第一年至第三年免征企业所得税，第四年至第六年减半征收企业所得税。不难看出，适用这项优惠政策的企业第一年至第三年适用的边际税率为 0；第四年至第六年适用的边际税率为 12.5%；第七年及以后年度适用税率为 25%，这实际上是一种不同年度间的累进税率。或者说，当企业获得同样数量的应税所得，如 100 万元，在第一年获得，不需缴纳企业所得税；在第四年获得，则需要缴纳企业所得税 12.5 万

元；在第七年获得，则需缴纳企业所得税25万元。

【案例】 B公司所在国实行超额累进税率的企业所得税，相关税收政策规定，年应纳税所得额在60万元以下的适用税率为20%；年应纳税所得额超过60万元的部分适用税率30%。2012年B公司原应纳税所得额为40万元；2013年预计年应纳税所得额为80万元。2012年拟追加投资一个项目，有甲、乙两个方案可供选择，两方案均可获得30万元应纳税所得额。甲项目收益可在2012年实现，而乙项目收益可在2013年实现。

案例解析：两个项目的投资比较分析如表4-3所示。

表4-3　项目的投资比较分析　　单位：万元

如追加投资选择甲项目	2012年	2013年	两年合计
应纳税所得额	40+30=70	80	150
应缴所得税	60×20%+10×30%=15	60×20%+20×30%=18	33
税后利润	70-15=55	80-18=62	117
如追加投资选择乙项目	**2012年**	**2013年**	**两年合计**
应纳税所得额	40	80+30=110	150
应缴所得税	40×20%=8	60×20%+50×30%=27	35
税后利润	40-8=32	110-27=83	115

从甲、乙两个方案的比较可以看出，同样数额的应税所得，由于适用的边际税率不同，缴税数额并且最终使投资项目的税后收益也是不同的。投资于甲项目所获得的30万元应税所得由于是在原收入较少年度实现，其中的20万元实际适用税率20%，只有10万元适用较高边际税率30%。而投资于乙项目所获得的30万元应税所得是在原收入较高年度实现的，全部适用30%的较高的边际税率，故比甲项目收益多缴2万元企业所得税，导致整体税后收益降低。

（三）现值折现值的考虑

企业投资是一项长期行为，故在投资决策中须考虑投资收益的折现值，应用净现值法对不同时期投资收益的折现值进行比较。显然，运用净现值法分析税款缴纳时间的早晚也会导致分析结果的变化。

【案例】 C公司投资有甲、乙两个可选择方案，两年中各年的收入均为100万元，而甲项目第一年成本费用为55万元，第二年成本费用为65万元；乙项目第一年成本费用为70万元，第二年成本费用为50万元。每年年终计算缴纳企业所得税（假设税率为30%，当期利率为10%，第一年复利现值系数为0.909，第二年复利现值系数为0.826）。

案例解析：计算两个方案的应纳税现值见表4-4。

表4-4 应纳税额现值比较分析 单位：万元

项目		甲项目	乙项目
第1年	应纳税所得	100-55=45	100-70=30
	应纳所得税	45×30%=13.5	30×30%=9
	折现值	13.5×0.909=12.2715	9×0.909=8.181
第2年	应纳税所得	100-65=35	100-50=50
	应纳所得税	35×30%=10.5	50×30%=15
	折现值	10.5×0.826=8.673	15×0.826=12.39
两年应纳税合计		13.5+10.5=24	9+15=24
两年应纳税现值合计		12.2715+8.673=20.9445	8.181+12.39=20.571

如果单纯从账面价值看，甲、乙两项目两年缴纳的企业所得税总额是一样的，都是24万元。但考虑折现因素后，乙项目第一年成本费用比甲项目数额大，应纳税所得额较少，缴纳所得税额较少；第二年成本费用比甲项目数额小，应纳税所得额较多，缴纳所得税额较大。实际上是一部分税款递延了缴纳时间，所以降低了所缴纳税款的折现值。

（四）利用关联交易创造节税机会

当企业的一些业务符合国家税收优惠政策的条件时，企业可以投资单独成立一个子公司专门经营该类业务，以便享受税收优惠。这种投资实际上也会为未来通过集团内部企业间交易降低税负提供便利。

【案例】某医疗器械生产企业既生产普通医疗器械，又生产A类新型医疗器械（该产品属于《国家重点扶持的高新技术领域》规定的范围）。按现时情况，由于某些指标不能达到企业所得税规定的高新技术企业要求（如A类新型医疗器械销售收入未占到全部销售收入所得税优惠条款要求比例），故全部所得只能按照一般企业所得税25%的税率计算缴税。经过筹划，企业决策层决定投资成立一个具有独立法人资格的子公司，专门生产经销A类新型医疗器械。独立后的子公司拥有核心自主知识产权，研究开发费用占销售收入的比例、高新技术产品销售收入占企业全部销售收入的比例、科技人员占企业职工总数的比例以及其他条件均符合高新技术企业认定管理办法规定，经批准成为享受15%优惠税率的高新技术企业。假设称原来的子公司为X公司，称新建子公司为Y公司。

案例解析：这种投资实际上为以后集团通过内部交易降低税负提供了便利。

当X公司向Y公司销售一批成本价为450万元的零部件，市场交易价格在800～1000万元之间，或者说，只要在这一价格区间都可以被认定为合理的市场定价。Y公司用这批零部件加工成成品销售，销售价格为1600万元。此时，X公司就可以主动按照市场交易的最低价格将这批零部件销售给Y公司。不同交易定价模式下的纳税分析如表4－5所示。

表4－5　不同交易定价模式下的纳税分析　单位：万元

项目		X公司	Y公司	合计
按市场交易平均价	税前利润	900－450＝450	1600－900＝700	1150
	适用税率（%）	25	15	
	应缴所得税	450×25%＝112.5	700×15%＝105	217.5
	税后利润	450－112.5＝337.5	700－105＝595	932.5
按市场最低价	税前利润	800－450＝350	1600－800＝800	1150
	适用税率（%）	25	15	
	应缴所得税	350×25%＝87.5	800×15%＝120	207.5
	税后利润	350－87.5＝262.5	800－120＝680	942.5

投资成立Y公司使企业有可能通过集团内部定价降低税负，仅这一笔交易就为企业节税10万元。

在现代社会，税制体系是一个由多税种构成的复合型税制体系，每一税种都由极为复杂的条款构成，各税种之间又有错综复杂的关联关系。这样一来，企业进行直接投资时，对不同项目的选择通常是统筹考虑的决策过程，或者说，各个备选方案都可能存在某一方面或多方面的税收优势，但与此同时，又可能存在某些方面的税收劣势。因此，企业在进行投资决策时，只能选择最适合预期投资目标要求的项目。

三、间接投资方式的税收筹划

（一）债券投资的税收筹划

《企业所得税法》规定，企业取得的国债利息收入免征企业所得税，而购买其他债券所取得的利息收入需要缴纳企业所得税。所以，企业在进行间接投资时，除要考虑投资风险和投资收益等因素外，还必须考虑相关税收规定的差别，以便全面权衡和合理决策。

国库券投资收益少，但无风险，且国家对国库券利息收入免征所得税。对个人而言，在没有时间和精力经营股票的情况下，购买国库券可以获得稳定的投资收益。

【案例】有两种长期债券，一种是企业债券，年利率为5%；另一种是国债，年利率为4.2%。请分析，企业应该投资于哪一种债券呢？

案例解析：表面上看起来企业债券的利率要高于国债利率，但是由于前者要被征收25%的企业所得税，而后者不用缴纳企业所得税，实际的税后收益应该通过计算来评价和比较：

5% × （1 -25%） =3.75% <4.2%

也就是说，企业债券的税后收益要低于国债的税后收益，所以进行国债投资更为合算。事实上，只有当其他债券利率大于5.6% ［即4.2%/（1 -25%）］时，其税后收益才大于利率为4.2%的国债收益。

【案例】 某企业有1000万元的闲置资金，打算近期进行投资。其面临两种选择：一种选择是投资国债，已知国债年利率为4%；另一种选择是投资金融债券，已知金融债券年利率为5%，企业所得税税率为25%。请问从税务角度分析哪种方式更合适？

案例解析：从税务角度分析，可有投资国债与投资金融债券两种方案。

方案一：若企业投资国债。

投资收益 =1000 ×4% =40（万元）

根据税法规定国债的利息收入免交所得税，则税后收益为40万元。

方案二：若企业投资金融债券。

投资收益 =1000 ×5% =50（万元）

税后收益 =50 × （1 -25%） =37.5（万元） <40（万元）

所以从税务角度分析，选择国债投资对于企业更有利。

（二）股票投资的税收筹划

《企业所得税法》第六条规定：股息、红利等权益性投资收益应当组成企业收入总额；《企业所得税法》第二十六条规定：符合条件的居民企业之间的股息、红利等权益性投资收益以及在中国境内设立机构、场所的非居民企业从居民企业取得与该机构、场所有实际联系的股息、红利等权益性投资收益属于免税收入。

《企业所得税法实施条例》第十六条规定：企业所得税法第六条所称转让财产收入，是指企业转让固定资产、生物资产、无形资产、股权、债权等财产取得的收入。财产转让收入以收入总额为应税收入额。《企业所得税法实施条例》第八十三条规定：符合条件的居民企业之间的股息、红利等权益性投资收益，是指居民企业直接投资于其他居民企业取得的投资收益；股息、红利等权益性投资收益，不包括连续持有居民企业公开发行并上市流通的股票不足12个月取得的投资收益。

对企业所得税纳税人投资股票取得的投资收益应区别不同情况进行处理。首先，对于企业在股票市场上低价买入、高价卖出股票获得的价差收益要并入企业收入总额计算缴纳企业所得税。其次，对于企业购买并持有上市公司股票获得的股息、红利需根据情况确定：①居民企业或非居民企业连续持有居民企业公开发行并上市流通的股票超过12个月取得的投资收益免征企业所得税；②居民企业或非居民企业连续持有居民企业公开发行并上市流通的股票不超过12个月取得的投资收益，应并入企业所得税应税收入，即应当依法征收企业所得税；③居民企业或非居民企业持有非居民企业公开发行并上市流通的股票取得的投资收益，一律并入企业所得税应税收入计算缴纳企业所得税。

值得注意的是，在中国境内没有机构、场所的非居民企业应就其来源于中国境内的所得，包括股息、红利所得等，按照10%的税率缴纳企业所得税。这改变了此前我国境内外商投资企业向其外方投资者派发的股利免征预提所得税及对持有H股的外国企业，从发行该H股的中国境内企业所取得的股息所得，暂免征收企业所得税的政策规定。

企业在进行股票投资时可通过适当延长股票的持有时间或选择居民企业公开发行的股票等方式，获得股息、红利的免税利益。

各国对买卖股票一般征收交易税（印花税）、资本利得税，股票投资收益征收所得税。多数国家对企业的股息收益在征收公司所得税时都有税前扣除等避免经济性双重征税的规定。如美国对企业的股息所得，通常在税前扣除其所得的70%；在应税公司股份比例达到20%～80%的，税前扣除股息所得的80%；超过80%股份的，税前扣除股息的100%。多数国家或地区对个人投资所得实行不同形式的避免经济性双重征税的政策。

股票投资风险大，但收益高。一般情况下，企业通过股票投资，可以利用较少的投资实现较大规模的扩张经营，但税负一般不会有明显变化；对于个人而言，在有时间和精力经营股票的情况下，可选择股票方式进行投资，可取得较多的税后利润。

（三）基金投资的税收筹划

《财政部、国家税务总局关于企业所得税若干优惠政策的通知》（财税〔2008〕1号）规定，对投资者从证券投资基金分配中取得的收入，暂不征收企业所得税。因此企业在证券基金现金分红中获得的收益是免税的。但应注意的是，有些证券投资基金会采用拆分基金份额的方式向投资者"分红"。在这种"分红"方式中，投资者获得了更多基金份额，降低了单位基金成本，待赎回时获得的价差收益是需要缴纳企业所得税的。

显然，证券投资基金采用不同的分红方式，投资者的税后利益是不同的。当然，采用何种方式分红是由基金公司决定的，投资企业并没有决策权，但企业可以选择有较大税收分红利益的基金进行投资。

【案例】2012年1月，A企业以500万元投资购买单位净值为1元的证券投资基金份额500万份。2012年年末，基金净值升高到1.6元。基金公司决定将升值部分全部向投资者分配。A 企业在 2013 年 5 月基金净值又升高到 1.3 元时将基金赎回。

案例解析：如果基金公司采用现金分红，则 A 企业全部税后收益 = （1.6 – 1） × 500 + （1.3 – 1） ×500 × （1 –25%） =412.5（万元）

如果基金公司采用拆分方式，则原来的 500 万份拆分后变为 800 万份，单位净值将为 0.625 元。赎回时，价差收益应缴纳所得税的计算如下所示。

（1.3 – 0.625） ×800 ×25% =135（万元）

A 企业的税收净收益 = ［（1.3 –0.625） ×800］ –135 =405（万元）

可以看出，现金分红方式为 A 企业节税的 7.5 万元，增加了基金投资的收益。企业在进行基金投资决策时，若预计分红水平相等，应更倾向于选择采用现金分红方式的基金进行投资。

另外，由于现金分红与基金赎回收益税收待遇上的差异，投资企业在确定基金赎回时间时也应考虑税收因素。

【案例】2012 年 2 月，B 企业投资 800 万元申购面值 1 元的 Y 基金 800 万份。到 2013 年 2 月，Y 基金净值为 1.5 元，Y 基金公司决定采取大比例分红方案，每基金份额现金分红 0.45 元。B 企业对这笔基金投资赎回的时间有两种选择：一是在 Y 基金分红之前赎回；二是在 Y 基金实施分红方案（除权日）后再赎回。

计算两种方案下 B 企业的投资收益。

案例解析：具体计算过程如下。

方案一：B 企业的投资收益 = （1.5 –1） ×800 × （1 –25%） =300（万元）。

方案二：B 企业的投资收益 =0.45 ×800 + （1.5 – 1.45） ×800 × （1 –25%） = 390（万元）。

显然，在第二种方案中，投资者在基金分红时先获得分红现金收益，享受了免税待遇；分红后，基金净值大幅下降，赎回时，赎回收益很少，应缴税款明显减少，投资收益也相应增加。

当然，企业投资者还必须考虑基金投资中的税收风险问题。根据《企业所得税法》第四十七条的规定，企业实施其他不具有合理商业目的的安排而减少其应纳税收入或者所得额的，税务机关有权按合理方法调整。当企业购买基金数额较大，超过合理投资比例，有可能被税务机关认定为是以减少、免除或推迟税款缴纳为目的的不合理安排，从而对其进行调整。

第五章　融资决策的税收筹划

第一节　资本结构与税收政策

一、资本结构理论

（一）MM 资本结构理论

1. 无税模型

1958 年，美国著名学者弗兰科·莫迪利安尼（Franco Modigliani）与默顿·米勒（Merton Miler）在《资本成本、公司理财和投资理论》一文中所提出的 MM 资本结构理论的无税模型，是 MM 理论的雏形。无税模型包括以下三个定理。

定理一：任何企业的市场价值与其资本结构无关，而是取决于按照与其风险程度相适应的预期收益率进行资本化的预期收益水平。

定理二：股票每股收益率应等于与处于同一风险程度的纯粹权益流量相适应的资本化率，再加上与其风险相联系的溢价。其中，风险以负债权益比率与纯粹权益流量资本化率和利率之间差额的乘积来衡量。

定理三：任何情况下，企业投资决策的选择点只能是纯粹权益流量资本化率，它完全不受用于为投资提供融资的证券类型的影响。

无税模型的最重大贡献在于首次清晰地揭示了资本结构、资本成本以及企业价值之间的联系，但该模型没有考虑税收因素。无税模型认为，在资本市场充分有效、不考虑市场交易费用、也不存在公司所得税和个人所得税的情况下，企业价值取决于投资组合和资产的获利能力，而与资本结构和股息政策无关。企业的平均资本成本并不取决于资本结构，也与公司价值毫不相关，但资本会随收益率的不同而发生转移。所以，资本结构的变化不会导致资本成本的变化，也不会引起企业价值的变化。这一基本结论是抽象出来的一种理想状态，在现实社会经济中是不存在的。

2. 公司税模型

1963 年，无税的 MM 理论模型得到修正，将公司所得税的影响因素引入模型，从而得出了公司所得税下的 MM 理论，也称为修正的 MM 理论或公司税模型。修正的 MM 理论认为，由于公司所得税的存在，负债会因利息抵税效应而使企业价值随着负债融资程度的提高而增加。公司税模型包括三个命题。

命题一：无负债企业的价值等于企业所得税后利润除以权益资本成本率，而负债企业的价值则等于同类风险的无负债企业的价值加上负债节税利益。负债节税利益等于公司所得税乘以负债总额。故而，企业价值会因负债比率的上升而增大。

命题二：负债企业的权益资本成本率等于相同风险等级的无负债企业的权益资本成本率加上风险溢价，风险溢价取决于公司的资本结构和所得税税率。

命题三：在公司所得税存在的情况下，企业的加权资本成本率与负债比率负相关，即企业资本总成本随负债比率的提高而降低。

由于公司所得税的影响，尽管权益资本成本会随负债比率的提高而上升，但上升速度却慢于负债比率的提高，所以在所得税法允许债务利息税前扣除时，负债越多，即资本结构中负债比率越高，企业资本加权平均成本就越低，企业的收益乃至企业价值就越高。这其中起作用的是负债利息抵税效应。沿着这一思路分析，公司最佳资本结构应该是 100% 负债，因为此时负债利息抵税效应发挥到极致状态。

修正的 MM 理论模型把税收因素与资本结构以及企业价值有机地结合起来，我们可以得到以下启示。

第一，税收制度对纳税主体的经济行为产生影响。税收制度与征税标准的变化会对一个纳税主体的经济行为产生影响，其中包括融资行为，因而会产生资本结构改造效应。税收筹划活动实际上应该关注资本结构与税收负担之间的关系，税收筹划与融资契约之间的血肉联系不应被割裂和忽略。

第二，MM 理论从反面证明资本结构与交易成本有关。MM 理论与科斯定理有相似之处。科斯认为，如果交易费用为零，资源的配置与产权无关，企业就不会存在。与此相似，MM 理论认为，如果没有交易费用，则资本结构与企业价值无关。而现实经济中，交易费用为正，所以资本结构与企业价值有关。

第三，政府通过税收政策的变化可以决定整个社会的均衡负债比率。对一国（或地区）整个社会经济而言，理论上一定存在一个均衡的负债水平，其均衡点是由企业所得税、债权收益和股权收益的个人所得税以及投资者的课税等级所决定的，它随公司所得税税率的增加而增加，随个人所得税税率的增加而减少。当边际节税利益等于个人边际所得税时，负债处于均衡状态，所以负债比率不可能达到 100%。从上述分析可以得到一个结论，即整个社会负债率的水平取决于税收政策。

（二）最佳资本结构与米勒模型

最佳资本结构是每个企业的追求，但最佳资本结构不能针对单个企业确定。原因在于与企业相关的投资者因课税等级不同而产生的股权收益税率与债权收益税率不同，这是企业无法控制和调节的。高负债率的企业可以吸引那些个人课税等级较低的投资者，而低负债率的企业可以吸引那些个人课税等级较高的投资者。实际上，在信息透明的有效资本市场中，任何企业以改变融资结构来实现企业市场价值最大化的决策效应，都会被股权投资者和债权投资者为追求自身利益最大化所采取的对策所抵消。

关于这一问题，米勒于1977年又引入个人所得税因素，解释企业负债节税效应与个人所得税多征之间的矛盾，从而得出资本结构（负债比率）的均衡状态是由公司所得税税率、利息个人所得税税率、股利个人所得税税率以及投资者的课税等级所决定的。引入个人所得税因素的米勒模型如下：

$$V_g = V_u + [1 - (1 - T_c) \times (1 - T_e) / (1 - T_d)] \times D$$

其中：V_g——有负债公司的市价；T_c——公司所得税税率；T_d——利息个人所得税税率；T_e——股利个人所得税税率；V_u——无负债公司的市价；D——负债的现值。

对引入个人所得税因素的米勒模型分析如下：

（1）当 $T_e = T_d$时，上式可简化为 $V_g = V_u + T_c \times D$。即当股利个人所得税税率与利息个人所得税税率相等或不考虑个人所得税时，个人所得税的征收不会对公司的资本结构产生影响。此时，个人所得税对股东和债权人来说是中性的。

（2）$T_e < T_d$时，债务融资所带来的抵税收益被个人所得税的存在而部分抵消，债务融资所带来的税收利益被缩小。如果 $(1 - T_c) \times (1 - T_e) = (1 - T_d)$，则财务杠杆不会带来任何税收上的利益，此时，资本结构与公司价值无关。

（3）当 $T_e > T_d$时，债务融资在公司所得税层面上所带来的税收利益，在个人所得税层面上被进一步放大，因此，债务融资所带来的税收利益比单纯征收公司所得税时更大。

米勒模型还可以推广到一般情形，假设企业的税后利润当期全部以现金股利或通过股票回购以资本利得的形式支付给股东。b（$0 \leqslant b \leqslant 1$）为股利支付率，$(1-b)$为资本利得支付率，股东资本利得税税率为 T_f。在这些前提假设下，当同时考虑公司所得税、股利个人所得税、利息个人所得税和资本利得税时，米勒模型的一般表达式：

$$V_g = V_u + \{1 - (1 - T_c)[b(1 - T_e) + (1 - b)(1 - T_f)]/(1 - T_d)\} \times D$$

其中：V_g——有负债公司的市价；T_c——公司所得税税率；T_d——利息个人所得税税率；T_e——股利个人所得税税率；T_f——股东资本利得税税率；V_u——无负债公司的市价；b（$0 \leqslant b \leqslant 1$）——股利支付率；$(1-b)$——资本利得支付率；$D$——负债的现值。

【知识链接】

米勒模型的证明

当同时考虑公司所得税和个人所得税时，有财务杠杆的公司的价值：

$V_g = V_u + [1-(1-T_c)\times(1-T_e)/(1-T_d)]\times D$

证明：当同时征收公司所得税和个人所得税时，股东每年获得的现金流如下。

$(EBIT-rD)\ (1-T_c)(1-T_e)$

债权人获得的现金流：$rD\ (1-T_d)$

公司每年产生的总现金流：

$(EBIT-rD)\ (1-T_c)(1-T_e)+rD\ (1-T_d)=EBIT\ (1-T_c)(1-T_e)+rD\ (1-T_d)[1-(1-T_c)(1-T_e)/(1-T_d)]$

上式中的第一项 $EBIT(1-T_c)(1-T_e)$ 是无财务杠杆的公司所得税和个人所得税后的现金流，该现金流的折现值就是无财务杠杆的公司的价值 V_u。债权人购买债券在支付个人所得税后获得的现金流为 $rD\ (1-T_d)$，因此，第二项的折现值等于 $D\ [1-\ (1-T_c)(1-T_e)\ /(1-T_d)]$。所以，有 $V_g=V_u+[1-(1-T_c)\times(1-T_e)/(1-T_d)]\times D$

米勒模型一般表达式的证明

$V_g=V_u+\{1-(1-T_c)\times[b(1-T_e)+\ (1-b)\ (1-T_f)]/(1-T_d)\}\times D$

证明：当同时征收公司所得税、个人所得税及资本利得税时，股东每年获得的现金流 = $(EBIT\div D)\ (1-T_c)[b(1-T_e)+\ (1-b)\ (1-T_f)]$

债权人获得的现金流：$rD\ (1-T_d)$

公司每年产生的总现金流：

$(EBIT\div D)\ (1-T_c)[b(1-T_e)+\ (1-b)\ (1-T_f)]\div D\ (1-T_d)=EBIT\ (1-T_c)[b(1-T_e)+\ (1-b)\ (1-T_f)]\div D\ (1-T_d)\ =|\,1-\ (1-T_c)\ [b\ (1-T_e)\ +\ (1-b)\ (1-T_f)]\ /(1-T_d)\,|$

上式中的第一项是无财务杠杆的公司所得税和个人所得税后的现金流，该现金流的折现值就是无财务杠杆的公司的价值 V_u。债权人购买债券在支付个人所得税后获得的现金流为 $rD\ (1-T_d)$，因此第二项的折现值等于：

$D\ \{1-(1-T_c)[b(1-T_e)+\ (1-b)\ (1-T_f)]/(1-T_d)\}$

所以，有财务杠杆公司的总价值：

$V_g=V_u+|1-(1-T_c)\times[b(1-T_e)+\ (1-b)\ (1-T_f)]/(1-T_d)|\times D$

二、权衡理论

在现实经济实践中，事实是各种负债成本随负债比率的增大而上升，当负债比率达到某一程度时，息税前收益率会下降，同时企业负担破产成本的概率会增加。另外，融资的来源和结构还存在着一种市场均衡问题，债务关系还存在着代理成本和披露责任问题。因此，即使修正的MM理论模型也并不完全符合现实情况，因为MM理论忽略了财务杠杆、财务风险、资本成本三者之间的密切相关性。

权衡理论形成于20世纪70年代，作为对MM理论的补充和发展，主要观点是，企业最优资本结构就是在负债的税收利益与破产成本现值之间进行权衡。早期的权衡理论完全建立在纯粹的负债税收利益与破产成本相互权衡的基础上，如图5－1所示。

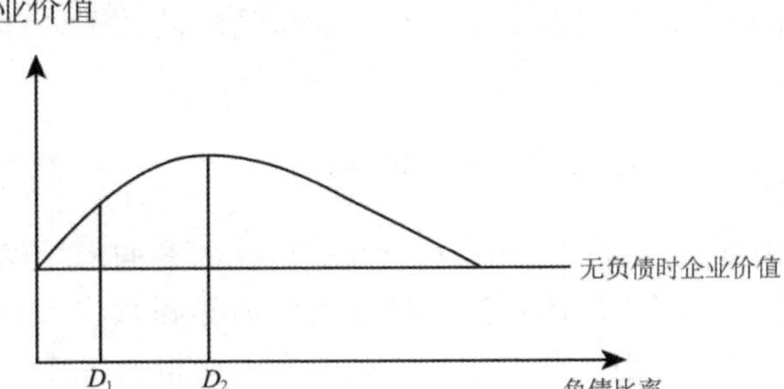

图5－1　企业价值与资本结构图

据图5－1分析：当负债比率未超过D_1时，破产成本不明显；当负债比率达到D_1时，破产成本开始变得重要，负债利息抵税利益开始被破产成本所抵消；当负债比率达到D_2点时，边际利息抵税利益恰好与边际破产成本相等，企业价值最大，达到最佳资本结构；当负债比率超过D_2点后，破产成本大于负债利息抵税利益，导致企业价值下降。因此，从道理上讲，一个独立的企业存在着达到企业价值最大的最优资本结构，该资本结构存在于负债的节税利益与破产成本相互平衡的点上。

后期的权衡理论将负债的成本从破产成本进一步扩展到代理成本、财务困境成本和其他利益损失等方面，同时，又把税收利益从原来的负债税收利益引申到非负债税收利益方面，实际上是扩大了成本和收益所包含的内容，把企业的最优资本结构看成是在税收利益与负债相关的各类成本之间的权衡。

权衡理论的倡导者罗比切克和梅耶斯在1966年所写的《最优资本结构理论问题》一文中指出："因为税收原因，利息可以从企业收益中扣减，所以财务杠杆有助于给现有投资者增加企业的价值。另外，如果破产和重组是有可能有成本的，带给现有投资者的企业价值会变少……债务结构的最优水平就处在同财务杠杆边际递增相关的税收利益现值和同财务杠杆不利的边际成本现值相等之点上。"

从契约角度分析，在复杂的资本融资关系中，除了负债的过度增长带来的破产成本外，企业股东、债权人和经营者之间会因为资本结构问题而产生利益冲突，发生各式各样的代理成本，在现实中是难以一一列举和精确量化的。尽管理论上确信在一个特定经济环境下，企业一定存在实现企业价值最大化的最佳资本结构，但是由于融资活动本身、个人所得税的课征和企业外部环境的复杂性，目前仍难以准确地显示出存在于资本成本、每股收益、资本结构及企业价值之间的关系，实现企业价值最大化的最佳资本结构还要靠决策层的经验分析和主观判断。

三、MM 理论对资本结构调整的启示

权衡理论其实是对 MM 理论的一种发展和解释，笔者认为其仅仅是对负债比率超过一定限度时的 MM 理论失效的补充，该理论的适用范围较小，只有在负债比率较高、企业濒临破产时，才对资本结构与企业价值之间的关系作出解释。这里不对其经济影响展开讨论，而主要讨论 MM 理论的经济应用。

（一）MM 理论对中国企业资本结构的影响

米勒发表于 20 世纪 70 年代的引入个人所得税因素的米勒模型，其实是有其经济制度背景的。根据当时美国的税法，投资者的债券利息收入和股票股利收入都要按累进税率缴纳所得税，而且股票股利收入的个人所得税税率低于债券利息收入的税率，这就出现了"公司偏好发行债券，而投资者偏好股票"的局面。

就单个投资者而言，会倾向于投资股票追求较低的税负；就投资者整体而言，收入层次不同、税级不同的投资者对股票、债券的偏好程度也不同。为了吸引资金流向债券，公司用负债带来的节税收益来提高债券利息率以弥补债券投资者的税收损失。但公司无法控制不同收入阶层的投资者的税率，因而单个公司的最佳资本结构不能够确定。

在当前我国的税收制度下，股利和利息的个人所得税税率一样，都是比例税率，利息的税率为 20%，股利的税率为 20%，不存在累进税率制。而对于公司来说，由于债券利息具有抵税作用，公司应该偏向债券融资。所以，对于投资者来说，债权投资和股权投资所承担的税负相同。在相对稳定的税收环境里，公司可以在一定程度上控制投资者的税率，但由于投资者的风险观念和偏好差异的缘故，公司仍然无法准确控制不同投资者的税率。所以，在中国当前经济环境下，单个公司应该存在弹性的最佳资本结构范围。

目前，按照《企业所得税法》规定，企业所得税的基本税率为 25%，而股票股利和利息的个人所得税税率皆为 20%，应用米勒模型，把相关税率代人 $[1-(1-T_c)\times(1-T_e)/(1-T_d)]$，则 $1-(1-25\%)\times(1-20\%)/(1-20\%)=0.25$，$[1-(1-T_c)\times(1-T_e)/(1-T_d)]>0$ 仍然成立。故而，这里可以得出以下结论：在中国的现实经济中，负债的利息抵税效应仍会存在，企业可以通过调整资本结构，加大负债比率，发挥负债的税收屏蔽作用，实现企业税后收益最大化乃至于企业价值最大化。

（二）风险与收益：MM 理论发挥作用的现实约束

上面分析了 MM 理论对于企业税收的影响，但资本结构对于企业税收的影响也

存在着一定程度的现实约束。在现实经济中，企业并不一定具备无限的利息扣除能力，利息抵扣的上限是息税前收益，如果息税前收益水平不高或者为负数，则导致债务利息只能得到部分扣除或根本得不到扣除，那么就产生不了任何债务利息抵税效应。除此之外，MM 理论还受到风险和收益的约束。对此分析如下。

1. 负债比率越高，利息抵税效应越显著

负债比率越高，财务风险也越大，负债比率是衡量企业财务风险的重要指标，与企业财务风险正相关。所以，在发挥债务杠杆效应和利息抵税效应的同时，也无形中加大了企业的财务风险。对财务风险的态度和风险偏好决定了一些企业不愿以较大的风险为代价换取税收利益，这就势必造成高负债率并不像想象的那样被企业所热捧。这与基于权衡理论的分析结论如出一辙。

2. 对不同纳税主体存在许多不均衡性

我国实行的所得税税制涵盖企业所得税和个人所得税两个完全独立的税种，且在不同领域，对于不同纳税主体存在许多不均衡性。现行税制对股利同时征收企业所得税和个人所得税，即所谓的双重征税。如果合并考虑企业所得税和个人所得税的综合影响，股利的实际税负率是相当高的。按企业所得税税率 25% 和个人所得税税率 20% 测算，股利的实际税负率：25% + （1 - 25%） ×20% =40%。而利息不需要承担企业所得税，其实际税负率仅为 20%。

由于股利部分是对企业利润的双重征税，股东被征税部分的损失希望通过较高的股权收益率得到补偿，从而造成股权成本更高。企业管理当局试图通过提高负债比率加大债务筹资力度，以增加股东对既定收入的实际分配份额。但是，由于债权人获得的利息收入也要缴纳一定的税收，因此，当负债企业取得的免税优惠小于债权人因纳税而产生的损失时，债权人提供资金的愿望将下降，这使得企业负债比率难以继续上升。

四、资本结构决策与税收筹划

税收之所以对企业资本结构决策产生影响，关键在于税收制度对股利支付和利息支付的区别对待，股利必须在缴纳企业所得税后才能支付，而利息却允许税前支付。在考虑个人所得税因素后，税收对企业资本结构决策的影响波及个人所得税方面，因为政府对债权人的利息收益和股东的股利所得征收了不同数量的税收。总之，资本结构的税收效应源于政府对不同收入项目征收不同的税收。如果税收是中性的，那么，政府征税不会对资本结构产生影响，即不会对融资行为及市场配置资源产生扭曲效应。

融资对企业绩效的影响主要是通过资本结构质量的变化发挥作用的，这应从两个方面进行分析：一是资本结构的变化究竟是怎样对企业绩效与税收产生影响的；

二是企业应当如何寻找最佳资本结构以降低税负。

（一）资本结构对企业业绩及税收的影响

资本结构，特别是负债比率合理与否，不仅制约着企业风险、资本成本的大小，而且在相当大的程度上影响着企业税收负担以及企业权益资本税后收益实现的水平。

负债融资的财务杠杆效应主要体现在节税及提高权益资本收益率（包括税前和税后）等方面。其中节税功能反映为负债利息计入财务费用抵减应纳税所得额，从而相应减少应纳所得税额。在息税前收益率不低于负债成本率的前提下，负债比率越高，负债额度越大，其节税效果就越显著。当然，负债最重要的杠杆作用在于提高权益资本的收益水平及普通股的每股收益（税后）水平，这可以从以下公式得到充分的反映：

权益资本收益率（税前）＝息税前投资收益率＋负债/权益资本×（息税前投资收益率－负债成本率）

从上式可以看出，只要企业息税前投资收益率高于负债成本率，增加负债额度，提高负债比率，就必然会提高权益资本收益率。只是应当明确的是，这种分析是基于纯粹的理论意义，而未考虑其他约束性条件，尤其是舍弃了风险因素及风险成本的追加等，MM 理论及后来的权衡理论正说明了这一点。因为随着负债比率的提高，企业的财务风险及融资风险成本必然增加，以致负债成本率超过了息税前投资收益率，从而使负债融资呈现出负的杠杆效应，即权益资本收益率随着负债额度、负债比率的提高而下降，这也正是实现负债利息抵税效应必须满足“息税前投资收益率不低于负债成本率”这一前提条件。

（二）最佳税收筹划绩效的资本结构规划

评价税收筹划绩效优劣的标准在于是否有利于企业所有者权益的增长，因而依据企业权益资本收益率或普通股每股税后盈余预期目标，组织适度的资本结构，成为融资管理的核心任务，其中的关键无疑在于怎样确立适度的负债比率，并以此为基础，进一步界定负债融资的有效规模。

目标负债规模与负债比率的确定：

$$EPS = [(k \times R - B \times I)(1 - t) - u] / n$$

其中，EPS——期望普通股每股盈余；R——息税前投资收益率；B——负债总额；I——负债成本率；n——已发行普通股股数；u——优先股股利支付额；t——所得税税率；k——投资总额。

此外，还可以根据获利能力预期，通过比较负债与资本节税功能的差异，利用上述公式进行追增资本或扩大负债的优选决策。

如果企业拟扩大规模 ΔK，追加负债 ΔK，则追加负债后：

权益资本收益率 $Q=(EBIT-BI-\Delta KJ)/S$①

如果企业拟扩大规模 ΔK，追加资本 ΔK，则追加资本后：

权益资本收益率 $Q=(EBIT-BI)/(S+\Delta K)$ ②

令①＝②，整理得：$EBIT=BI+SJ+\Delta KJ$，即举债盈亏均衡点的息税前利润 $EBIT=BI+SJ+\Delta KJ$ 进一步整理，则可得到下式：

$\Delta KJ=EBIT-BI-SJ$

这样，在所得税税率以及其他因素既定的条件下，企业欲维持原有的权益资本收益率，就必须要求 $EBIT-BI-SJ\geqslant\Delta KJ$ 成立，方可追加负债规模，追加负债的最高限额：

$\Delta K\leqslant(EBIT-BI)/J-S$

其中：Q——权益资本收益率；I——既有负债成本率；J——追加负债成本率；R——息税前投资收益率；S——权益资本额；B——既有负债额；ΔK——追加负债额。

（三）财务视角的税收成本及其对自有资本收益率的影响

税收成本与企业净收益率之间存在着一定的联系。从财务角度分析，最能有效地量化所有者权益最大化的指标是自有资本净收益率（净资产收益率），其公式如下：

$Q=[R+(R-I)\times B/S]\times(1-T)$

其中，Q——自有资本净收益率；R——息税前总资本收益率；I——借入资本利息率；B——借入资本总额；S——自有资本总额；T——企业所得税税率。

上式中，税收成本率由 $[R+(R-I)\times B/S]\times T$ 表示。只要将上述公式稍做变形就可表述为下式：

$Q=[R+(R-I)\times B/S]-[R+(R-I)\times B/S]\times T$

自有资本净收益率＝自有资本总收益率－税收成本率

在决定税收成本的变量中，所得税税率由于税法规定而具有固定性，可视为常量；息税前总资本收益率虽与资本运作有关，但主要还是由行业平均利润率决定，因此也可视为常量；借入资本利息率在一定时期内是一个常量。因此，在决定税收成本的变量中，关键变量是负债权益比率，即通常所指的资本结构。

税收成本就是通过资本结构这一渠道对企业净收益产生作用的。如果企业弱化自有资本，利润可通过债务利息的支付而减少，由此所获利益通常称为负债利益，由上述公式中的 $[(R-I)\times B/S]$ 表示，从而取得巨大的节税收益，导致税收成本的降低。有趣的是，即使在负债利益为 0 的情况下，弱化自身资本也能导致税收成本的降低。

第二节　融资渠道选择的税收筹划

一、多种融资渠道的比较

一般来说，企业有下列融资渠道：①财政性资金；②金融机构贷款；③企业之间的资金拆借；④企业自我积累；⑤企业内部集资；⑥债券融资；⑦股票融资；⑧商业信用融资。

这些融资渠道不外乎内部渠道和外部渠道两种。从内部来说，包括企业的自我积累和内部集资；从外部来说，包括股权融资、债权融资、财政性资金、金融机构贷款、企业间资金拆借等渠道。

这些融资方式无论采用哪一种组合方式，都能满足企业的资金需求。但从企业纳税角度考虑，这些融资渠道产生的税收效果会有很大差异，利用一些融资渠道可以有效地帮助企业减轻税负，获得税收利益。通常情况下，企业自我积累所承担的税收负担要重于向金融机构贷款所承担的税收负担，向金融机构贷款所承担的税收负担要重于企业之间资金拆借方式下承担的税收负担，企业之间资金拆借所承担的税收负担要重于企业组织内部集资所承担的税收负担。从筹划节税的角度出发，企业内部集资与企业之间拆借效果最好（尤其当企业间存在税率差异时），金融机构贷款次之，自我积累效果最差。其原因在于企业内部集资与企业之间的拆借涉及的部门和机构较多，容易增加融资成本，也会因税收收益分散而降低负债抵税效应。

根据《中华人民共和国企业所得税法实施条例》，纳税人在经营期间向金融机构借款的利息支出，按照实际发生额扣除；向非金融机构借款的利息支出，不高于按照金融机构同类、同期贷款利率计算的数额的部分，准予扣除。但是，企业通过增加资本金的方式进行融资所支付的股息或红利，是不能在税前扣除的。因此，比较发行股票融资与发行债券融资，由于发行债券融资的利息支出可以作为财务费用税前列支，所以，这种融资方式使所得税税基缩小，税负得以减轻。而发行股票融资方式则不能实现股利的税前分配。因此，企业应优先选用债权融资方式，后选股权融资方式，从而充分发挥“利息税盾”效应。

融资活动不可避免地涉及还本付息的问题。利用利息摊入成本的不同方法和资金往来双方的关系及所处经济活动地位的不同往往是实现节税的关键所在。金融机构贷款，其核算利息的方法和利率比较稳定、幅度变化较小，节税的空间不大。而企业之间的资金拆借在利息计算和资金回收期限方面均有较大弹性和回旋余地，从而为节税提供了有利条件。

尤其是企业内部基于委托贷款方式而进行的资金划拨，在实际操作过程中还是可以由企业自行决定的。通过设定不同的利率可以实现利润的转移。比如使利息支出发生在高税率地区，降低税前利润；或是使利息收入发生在低税率地区，这样集团整体的税负就能够实现最小化。

二、偿还方式的税收筹划

不同的偿还方式，其税收负担是不同的。一般采用货币资金形式偿还优于采用非货币资产形式偿还，因为以非货币资产形式偿还要视同销售行为缴纳流转税，如偿还资产为存货、固定资产等，需要缴纳增值税。但还要注意的是，通过股权形式偿还视同销售，与实体资产偿还相比，也能有效降低税收负担。

第三节　基于债务契约的税收筹划

一、借款或租赁安排

借款或租赁安排是交易双方基于控制税负目的，根据现行会计制度对已经或将要发生的交易或事项，运用租赁契约或借款契约安排的包括业务流程设计和法律形式包装等内容在内的税收筹划方案。

租赁尤其是融资租赁，在法律上既涉及物权又涉及债权，可以认为是法律形式最为复杂的融资交易之一。租赁与税收的关系之密切超乎寻常，税收对租赁业有支配性影响。

相比借款融资形式，租赁融资形式更具有隐含节税效果。首先，一般随着实际税率的下降，借款方案相对于融资方案的优势下降，这正是租赁交易深受低税率或零税率企业喜爱的原因所在；其次，社会借款利率水平的平抑下降，也使得更多的企业关注租赁交易的足额扣除节税利益；最后，租赁所形成的税收好处的分享比例由双方协商议定，部分税收好处可以通过调节租金实现转移。

其实，租赁交易比其他交易或融资形式更易于被操纵，甚至租赁契约的灵活性条款完全可以界定交易的形式、规模和款项支付方式。这里举例说明。

【案例】假定甲方拟向乙方销售大型成套设备，该设备的账面价值为200万元，使用寿命20年，双方议定的资产交易价款为300万元，价款以转账形式一次付清。甲、乙双方的企业所得税税率相同。为了降低纳税义务，甲方在不改变经济实质内容的前提下，分别安排与乙方签订租赁合同、借款合同、抵押合同三类不同性质的合同，以替代常规的交易合同。

案例解析：下面分别就上述三类合同进行分析。

方案一：租赁合同。

甲方向乙方出租设备10年，双方确认的资产公允价值为300万元，甲方每年向乙方收取租赁费用20万元，乙方须于租赁期间每一年度的1月1日向甲方指定账户付款，逾期未付款时经双方协商一致本合同可以撤销。

甲、乙双方每年签订租赁合同，总签约期为10年，则该租赁属于有形动产租赁。10年后甲方向乙方转让设备所有权，适当收取转让价款，使乙方支付的10年租赁费的现值与10年后的该笔转让价款的现值之和为200万元。

这种情况下，甲方可以提折旧，每年10万元，10年为100万元。甲方相当于获得300万元的收益，但甲方的租赁费收入需缴纳增值税。10年后把设备转让，明显推迟收入的纳税时间。

方案二：借款合同。

甲方向乙方借款200万元用于乙方同意的投资项目（账面价值为200万元的设备），双方约定的借款年利率为10%。甲方应于借款期间每一年度的1月1日向乙方指定账户支付借款利息（年息）20万元。双方经协商一致同意：甲方逾期未向乙方支付当年应付利息、经书面通知催讨10日仍未付足当年利息时，乙方有权扣押、留置甲方与借款金额价值相当的资产，自甲方邮寄出扣押该资产通知书之日起，本合同自动失效。

采用借款合同形式，甲方第2年对乙方的催讨利息通知书不予理睬，乙方按合同留置该资产并邮寄出扣押该设备通知书，合同按失效条款自动终止。甲方获得乙方200万元借款，而乙方正好获得公允价值为300万元的指定设备。

方案三：抵押合同。

甲方向乙方借款200万元，乙方作为贷款人要求甲方提供借款抵押资产（账面价值为200万元的设备）。双方经协商一致同意：甲方逾期未向乙方支付、经书面通知催讨10日内仍未付足当年借款利息时，双方以抵押资产折合价款200万元清偿甲方全部债务。

采用抵押合同，效果同借款合同。

评论：就上述三种合同的形式而言，合同的管理机构（工商行政管理部门）不存在裁定合同无效的充足理由，这些合同都是合法而有效的。

就上述合同的筹划效果而言，采用租赁合同形式，甲、乙双方保持第一年的相互结算，直至合同到期终止。与销售资产相比，虽然甲方也需要缴纳增值税，但甲方能获得设备折旧抵税收益。因此，租赁合同安排能够达到和设备交易相同的效果，但税负明显下降。

采用借款合同形式，甲方第二年对乙方的催讨利息通知书不予理睬，乙方按合同留置该资产并邮寄出扣押该担保通知书，合同按失效条款自动终止。未来再处理债权债务事宜，可以合理推迟纳税。

采用抵押合同，效果与借款合同相同。

所以，上述甲方根据合同安排所形成的纳税金额，都明显低于未作安排时的纳税金额。这种税收筹划采用的是契约思想，即通过契约的安排来降低税负。

二、非债务契约：变相融资安排的税收筹划

【案例】南方铝业主要从事铝型材生产销售业务，其供应商北方振兴集团主要从事煤、电、铝生产销售业务，双方自6年前建立铝锭购销业务，形成了良好的商业信誉。为强化产业链联合与协作，实现优势互补，双方签订了长期合作协议书，约定：铝锭采购协议签订后，南方铝业向北方振兴集团预付货款1.8亿元，用于按月抵付货款。按年度续签铝锭采购协议时，前铝锭采购协议中未抵付完的预付款转入新的铝锭采购协议，继续作为预付款使用。

案例解析：协议期内，北方振兴集团以价格折让方式向南方铝业提供55000吨电解铝，具体价格折让方法为在当月上海期货均价下浮330元/吨的基础上，每吨价格折让2000元。南方铝业每年享受本价格折让的采购量11000吨。年度采购量超过11000吨的部分，仅享受按上海期货均价下浮330元/吨的优惠。

为此，南方铝业向银行借入资金1.3亿元，作为短期借款入账，具体账务处理如下：

借：银行存款　　130000000

　贷：短期借款　　　130000000

南方铝业将该笔资金从银行直接划出支付给北方振兴集团，共支付1.8亿元，超出部分作为商业承兑汇票，其形式为预付账款，具体账务处理如下：

借：预付账款　　180000000

　贷：银行存款　　　130000000

　　　应付票据　　　 50000000

双方签订的铝锭预付款采购协议书约定："南方铝业将北方振兴集团依据签订的长期合作协议书和年度铝锭采购协议所取得的1.8亿元铝锭采购预付货款，按每月150万元抵扣预付货款，在本协议合作期内共收回5400万元，剩余的1.26亿元铝锭采购预付货款于本协议到期后的10日内，由南方铝业一次性归还给北方振兴集团。"

第六章　采购活动和销售活动中的税收筹划

第一节　采购活动的税收筹划

一、采购发票及税款抵扣的税收筹划

（一）索取采购发票

一些企业采购时为了获得部分价格让利，往往同意供货方不开发票，但不开发票真能节省采购成本吗？先撇开这种行为的规范性不谈，供货方的这种行为真的能为采购方节省采购成本吗？其实，从财务角度分析，采购方没有发票就意味着采购成本不能入账，就不能实现税前扣除。因此，采购方要为没有取得发票而多承担25%的企业所得税；由于未取得发票或者取得的发票不是增值税专用发票，采购方不能抵扣进项税额。因此，企业在采购过程中一定要索取合法的发票。财务会计制度对不同情况下取得采购发票作出了如下规定。

（1）在购买商品、接受劳务支付款项时，应当向收款方索取符合规定的发票；不符合规定的发票，不得作为财务凭证入账。

（2）特殊情况下由付款方向收款方开具发票时，必须按号码顺序填开，并且要注意填写项目齐全、内容真实、字迹清楚，全部联次一次复写、打印，内容完全一致，并在有关联次加盖财务印章或者发票专用章；采购物资时必须严格遵守《中华人民共和国发票管理办法》及税法关于增值税专用发票管理的有关规定。

（3）收购免税农产品应按规定填制农产品收购凭证，增值税一般纳税人向小规模纳税人购买农产品，并取得专用发票的，可依9%的抵扣率抵扣进项税额。

（二）规避采购合同的税收陷阱

采购合同至关重要，采购合同的筹划是整个采购业务筹划的落脚点。因为采购

规模、采购单位、采购时间、结算方式等最后都会反映在采购合同上。因此，在进行采购合同筹划时，应注意以下几个问题：①弄清楚合同的性质，属于商业性质合同还是其他类型的合同；②文字规范，用词准确；③充分利用合同保障己方的权益。在现实生活中，因为合同的原因垫付或多缴税款的情况时有发生，因而在采购活动中一定要注意提防采购合同的税收陷阱。对于采购方来说，在采购合同中要避免出现如下条款："采购方全部款项付完后，由供货方开具发票。"这一条款意味着只有采购方全额付款后才能拿到发票。在实际工作中，由于产品质量、货物标准、供货时间等方面的原因，采购方往往不会支付全款，而根据合同条款采购方可能无法取得发票。因此，采购合同条款应改为"根据采购方实际支付金额，由供货方开具发票"，这样就不会出现不能取得发票的问题了。

此外，购销双方在签订采购合同时，应该在合同条款中明确结算价格、税款等关键性条件。例如，小规模纳税人不能开具增值税专用发票（除按规定由税务机关代开外），从小规模纳税人处购进货物就无法抵扣进项税额。在这种情况下，采购方可以通过谈判压低从小规模纳税人处购进货物的价格，以补偿无法取得发票带来的税收损失。

（三）增值税进项税额的筹划

在日常财务工作中，除了要在增值税专用发票的识别上多加留意外，更重要的是要了解进项税抵扣究竟有哪些规定，抵扣时容易出现哪些问题，从而帮助我们按照税法的规定去采购。

1. 准予抵扣的进项税额

根据税收相关法律的规定，准予从销项税额中抵扣的进项税额，限于下列增值税扣税凭证上注明的增值税税额和按规定的扣除率计算的进项税额。

（1）从销售方取得的增值税专用发票上注明的增值税额。

（2）从海关取得的海关进口增值税专用缴款书上注明的增值税额。

纳税人进口货物，凡已缴纳了进口环节增值税的，不论其是否已经支付货款，取得的海关完税凭证均可作为增值税进项税额抵扣凭证。

纳税人丢失海关完税凭证，应当凭海关出具的相关证明，向主管税务机关提出抵扣申请。主管税务机关受理申请后，应当进行审核，并将纳税人提供的海关完税凭证电子数据纳入稽核系统比对，稽核比对无误后，可予以抵扣进项税额。

（3）购进农产品，除取得增值税专用发票或者海关进口增值税专用缴款书外，按照农产品收购发票或者销售发票上注明的农产品买价和10%的扣除率计算可抵扣的进项税额。计算公式：进项税额 = 买价 × 扣除率。

买价，指纳税人购进农产品在农产品收购发票或者销售发票上注明的价款和按照规定缴纳的烟叶税。

（4）接受境外单位或者个人提供的应税服务，从税务机关或者境内代理人取得的解缴税款的中华人民共和国税收通用缴款书上注明的增值税额。

上述进项税额扣除的具体处理，如表6-1所示。

表6-1　进项税额扣除分析表

<table>
<tr><th>涉及事项</th><th>扣税凭证</th><th>取得处</th><th>进项税额</th></tr>
<tr><td>购进货物、接受应税劳务或应税服务</td><td>增值税专用发票</td><td>一般纳税人</td><td rowspan="2">凭证注明金额</td></tr>
<tr><td>进口货物</td><td>海关进口增值税专用缴款书</td><td>海关</td></tr>
<tr><td rowspan="3">购进农产品</td><td>农产品销售发票</td><td>销售自产农产品的农业生产者</td><td rowspan="3">买价×扣除率（10%）</td></tr>
<tr><td>增值税普通发票</td><td>小规模纳税人</td></tr>
<tr><td>农产品收购发票</td><td>零散经营的农户</td></tr>
<tr><td>接受境外单位或者个人提供的应税服务</td><td>税收通用缴款书</td><td>税务机关或者境内代理人</td><td>凭证注明金额</td></tr>
</table>

2. 不得从销项税额中抵扣的进项税额

（1）用于适用简易计税方法计税项目、免征增值税项目、集体福利或者个人消费的购进货物、劳务、服务、无形资产和不动产。其中涉及的固定资产、专利技术、非专利技术、商誉、商标、著作权、有形动产租赁，仅指专用于上述项目的固定资产、专利技术、非专利技术、商誉、商标、著作权、有形动产租赁。

（2）非正常损失的购进货物及相关的劳务和交通运输业服务。

（3）非正常损失的在产品、产成品所耗用的购进货物（不包括固定资产）、劳务和交通运输服务。

（4）国务院规定的其他项目。

【知识链接】

（1）非增值税应税项目，是指非增值税应税劳务、转让无形资产（专利技术、非专利技术、商誉、商标、著作权除外）、销售不动产以及不动产在建工程。

非增值税应税劳务，是指《应税服务范围注释》所列项目以外的应税劳务。

不动产，是指不能移动或者移动后会引起性质、形状改变的财产，包括建筑物和其他土地附着物。

纳税人新建、改建、扩建、修缮、装饰不动产，均属于不动产在建工程。

（2）个人消费，包括纳税人的交际应酬消费。

（3）固定资产，是指使用期限超过12个月的机器、机械、运输工具以及其他与生产经营有关的设备、工具、器具等。

（4）非正常损失，是指因管理不善造成被盗、丢失、霉烂变质的损失，以及被执法部门依法没收或者强令自行销毁的损失。

有下列情形之一者，应当按照销售额和增值税税率计算应纳税额，不得抵扣进项税额，也不得使用增值税专用发票：

（1）一般纳税人会计核算不健全，或者不能够提供准确税务资料的。

（2）应当申请办理一般纳税人资格认定而未申请的。

纳税人取得的增值税扣税凭证不符合法律、行政法规或者国家税务总局有关规定的，其进项税额不得从销项税额中抵扣。

（1）增值税扣税凭证，是指增值税专用发票、海关进口增值税专用缴款书、农产品收购发票、农产品销售发票、运输费用结算单据和通用缴款书。

（2）纳税人凭通用缴款书抵扣进项税额的，应当具备书面合同、付款证明和境外单位的对账单或者发票。资料不全的，其进项税额不得从销项税额中抵扣。

3. 进项税额抵扣的特殊规定

适用一般计税方法的纳税人，兼营简易计税方法计税项目、非增值税应税劳务、免征增值税项目而无法划分不得抵扣的进项税额，按照下列公式计算不得抵扣的进项税额：

不得抵扣的进项税额 = 当期无法划分的全部进项税额 ×（当期简易计税方法计税项目销售额 + 免征增值税项目销售额）÷当期全部销售额

主管税务机关可以按照上述公式依据年度数据对不得抵扣的进项税额进行清算。

已抵扣进项税额的购进货物、接受加工修理修配劳务或者应税服务，发生不得抵扣进项税额情形（简易计税方法计税项目、非增值税应税劳务、免征增值税项目除外）的，应当将该进项税额从当期进项税额中扣减；无法确定该进项税额的，按照当期实际成本计算应扣减的进项税额。

【案例】上海市某运输企业于2012年1月购入一辆汽车作为企业的运输业务运输工具，车辆购入时不含税价格为40万元，取得的增值税专用发票上注明增值税款为6.8万元，当月该企业就对增值税专用发票进行了认证抵扣。2013年1月，为了增加员工福利，将该车辆转作为接送员工上下班的工具。车辆的折旧期为4年，采用直线法计提折旧。请问该运输企业应如何扣减已抵扣的进项税额？

案例解析：（1）由于需扣减的进项税额无法确定，应按照当期实际成本计算应扣减的进项税额，即应扣减的进项税额 =6.8÷4×3=5.1（万元）；

（2）该进项税额应从当期的进项税额中扣减。假设该运输企业2013年1月可抵扣的进项税额为100万元，则实际可抵扣的进项税额 =100−5.1=94.9（万元）。

二、采购决策的税收筹划

（一）采购时间选择的税收筹划

企业应在不影响正常生产需求的情况下选择在供大于求、出现市场过剩时进行物资采购。因为拟采购物品出现供大于求时，采购方往往能通过谈判压低采购价格。

【案例】一大型煤炭生产企业，下设医院、食堂、宾馆、浴池、学校、幼儿园、工会、物业管理等常设非独立核算的单位和部门，另外还有一些在建工程项目和日常维修项目。这些单位、部门及项目耗用的外购材料金额也是相当巨大的，为了保证正常的生产、经营，必须不间断地购进材料以补充被领用的部分，保持一个相对平衡的余额。假设企业购买的这部分材料平均金额为1170万元，如果单独设立“原材料”科目记账，将取得的进项税额直接计入材料成本，那么就不存在进项税的问题，从而简化了财务核算；但是，如果所有购进材料都不单独记账，而是作为用于增值税应税项目，在取得进项税时就可以申报从销项税额中抵扣，领用时作进项税额转出，虽然核算复杂了一些，但企业在生产经营期间可以合理递延缴纳税款。

案例解析：这里不妨算一笔账，该企业将上述单位、部门及项目的材料不间断地购进、领用，再购进、再领用，并形成一个滚动链，始终保持1170万元的余额。如此，企业就可以申报抵扣进项税额170万元，少缴增值税170万元、城市维护建设税11.90万元、教育费附加5.10万元。如果没有这部分税金及附加可占用，在流动资金不足的情况下，需向金融机构贷款，假设以贷款年利率6%计算，则节约的财务费用：(170+11.90+5.10)×6%=11.22（万元），企业因此可以多获得的利润：11.22-11.22×25%=8.415（万元）。

（二）供应商选择的税收筹划

作为一般纳税人，考虑到所购买货物进项税额抵扣问题，当然应该到一般纳税人那里去采购，因为只有到一般纳税人那里去采购，才能取得增值税专用发票，才能最大可能地抵扣税款。但是，在现实生活中，事情并不都是那么凑巧，有的货物能够在一般纳税人与小规模纳税人之间选择，有的可能因为质量、采购数量、距离远近等因素的制约，只能向小规模纳税人采购。因此，企业采购货物时应从进项税额能否抵扣、价格、质量、付款方式等多方面综合考虑。

【案例】华丰商贸城为一般纳税人，假如当月拟购进某件商品，每件进价20000元（不含税），销售价为22000元（不含税）。在选择进货渠道时，可作出三种选择：增值税一般纳税人；能开具增值税专用发票的小规模纳税人；开具普通发票的小规模纳税人。那么以这三种纳税人为供货对象，税收负担有什么不同呢？

案例解析：方案一，以一般纳税人为供应商，经计算可知，增值税应纳税额为340元，当期净现金流量为2000元。

方案二，以可以开具增值税专用发票的小规模纳税人为供应商，经计算可知，增值税应纳税额为3140元，当期净现金流量为2000元。

方案三，以只能开具普通发票的小规模纳税人为供应商，经计算可知，增值税应纳税额为3740元，当期净现金流量为2000元。

由以上分析可知，选择一般纳税人为供应商时，税负最轻，能开增值税专用发票的小规模纳税人次之，只能开普通发票的小规模纳税人税负最重。但考虑净现金流量，作为一般纳税人，无论向一般纳税人进货还是向小规模纳税人进货，只要进价（不含税）相等，当期的净现金流量都是相等的。

（三）结算方式选择的税收筹划

结算方式选择的税收筹划，最为关键的一点就是尽量推迟付款时间，为企业赢得货币的时间价值。采购方结算方式选择的筹划一般有以下操作方法：付款之前，先取得对方开具的发票；使销售方接受托收承付与委托收款结算方式，尽量让对方先垫付税款；采取赊销和分期付款方式，使销售方先垫付税款；尽可能少用现金支付。

【案例】北方商业城于3月26日从信阳某酒厂购进一批粮食白酒，取得由防伪税控系统开具的增值税专用发票一份。该公司于当年4月将该份专用发票向当地国税机关申请并通过了认证，并于当月申报抵扣了专用发票上列明的进项税额8万元。

当年5月16日，当地国税机关在对该商业增值税一般纳税人进行增值税日常稽核时，以该公司未支付货款为由，责令其转出已抵扣的进项税额6.8万元。原因是该公司与销货方采取的是始终占压对方50万元货款的结算方式，故今后也无法确定该批货物的准确付款时间，因此不知该笔进项税额到底何时能够抵扣。那么，税务机关的处理意见是否正确呢？

案例解析：增值税一般纳税人申请抵扣的防伪税控系统开具的增值税专用发票，必须自增值税专用发票开具之日起180天内到税务机关认证；增值税一般纳税人认证通过的防伪税控系统开具的增值税专用发票，应在认证通过的当月按照增值税有关规定核算当期进项税额并申报抵扣，否则不予抵扣进项税额。

（四）委托代购方式的税收筹划

制造企业在生产经营中需要购进各种原材料、辅助材料。由于购销渠道的限制，企业常常需要委托商业机构代购各种材料，委托代购业务自然就产生了。委托代购一般受托方只向委托方收取手续费，采取委托代购方式必须符合以下条件：受托方不垫付资金；销售方将发票开具给委托方，并由受托方将该发票转交给委托方；受托方按销售实际收取的销售额和增值税额与委托方结算货款，并另外收取手续费。这种情况下，受托方按收取的手续费缴纳增值税；委托方支付的手续费作为费用入账，但不得抵扣增值税进项税额。

（五）固定资产采购的税收筹划

1. 采购固定资产应尽量获取增值税专用发票

增值税转型会对企业投资产生正效应，使企业存在扩大设备投资的政策激励，从而对企业收益产生影响。但需要注意的是，对除房屋、建筑物、土地使用权等不动产以外的购进固定资产（包括接受捐赠和实物投资）、用于自制固定资产（含改扩建、安装）的购进货物或增值税应税劳务，务必取得增值税专用发票，这样才能抵扣增值税进项税额。如果购进时不能分清固定资产用途，也应取得增值税专用发票，待购进固定资产的用途明确后，再最终决定固定资产的进项税额能否抵扣。

2. 采购固定资产必须选择供货商的纳税人身份

一般纳税人企业在采购固定资产时，必须在具有不同纳税人身份的供货商之间作出选择。

供货商有两种纳税人身份，一般纳税人和小规模纳税人。假定购进固定资产的含税价格为 S，供货商为一般纳税人，其适用的增值税税率为 T_1；供货商为小规模纳税人（能到税务机关代开增值税专用发票），其增值税征收率为 T_2，则从一般纳税人供货商和小规模纳税人供货商处购进固定资产时，可抵扣的增值税进项税额分别为 $ST_1/(1+T_1)$ 与 $ST_2/(1+T_2)$。

（1）若一般纳税人增值税税率 T_1 取值 17%，小规模纳税人增值税征收率 T_2 取值 3% 时，17%/（1+17%）>3%/（1+3%），则一般纳税人企业从一般纳税人供货商处采购能获得更多的进项税额抵扣。

（2）若一般纳税人增值税税率 T_1 取值 13%，T_2 取值 3% 时，13%/（1+13%）>3%/（1+3%），则一般纳税人企业从一般纳税人供货商处采购固定资产能获得更多的可抵扣的进项税额。

3. 采购固定资产抵扣时机的选择

当企业购买固定资产时，必须考虑购进时机。一般来说，企业在出现大量增值税销项税额时购入固定资产最为适宜，这样在固定资产购进时就可以实现进项税额的全额抵扣。否则，若购进固定资产的进项税额大于该时期的销项税额，则购进固定资产时就会出现一部分进项税额不能实现抵扣，从而降低增值税抵扣的幅度。因此，增值税转型后，企业必须对固定资产投资作出财务预算，合理规划投资活动的现金流量，并分期分批进行固定资产更新，以实现固定资产投资规模、速度与企业财税目标的相互配合。

第二节　销售活动的税收筹划

一、混合销售与兼营行为的税收筹划

（一）混合销售

混合销售，是指一项销售行为同时涉及货物和非增值税应税劳务、非增值税应税服务，即同一项销售行为既包括销售货物又包括提供非应税劳务、非增值税应税服务，销售货物与提供非应税劳务、非增值税应税服务是由同一纳税人实现，价款是同时向一个交易者收取的；该项非应税劳务、非增值税应税服务是直接为销售货物而发生的，具有较强的从属关系。

从事货物的生产、批发或零售为主，并兼营非应税劳务的企业、企业性单位及个体经营者，年货物销售额超过50%，非增值税的应税劳务营业额不到50%的混合销售行为，均视为销售货物，一并征收增值税。对以从事非增值税应税劳务为主，并兼营货物销售的单位和个人，其混合销售行为应视为销售非应税劳务，按照销售非应税劳务缴纳增值税。

（二）兼营行为

兼营行为是指纳税人的经营范围既包括销售货物和增值税应税劳务，又包括提供非应税劳务、非增值税应税服务；但是，销售货物或应税劳务与提供非应税劳务、非增值税应税服务不发生在同一项销售行为中，也不一定针对同一交易者。《中华人民共和国增值税暂行条例实施细则》规定，纳税人兼营非应税劳务的，应分别核算货物或应税劳务和非应税劳务的销售额。不分别核算或不能准确核算的，其应税劳务应与货物或应税劳务一并征收增值税。

二、促销行为的税收筹划

（一）折扣销售

折扣销售，又称为商业折扣。对于折扣销售，如果销售额和折扣额在同一张发票上注明，则允许销售方以其销售额扣除折扣额后的余额作为计税依据；如果销售额和折扣额不在同一张发票上注明，则不允许将折扣额从销售额中扣减。

【案例】 华美盛服装有限公司因商业折扣问题而备受困扰。该公司是内衣生产企业，产品主要销往日本、韩国以及东南亚国家，考虑到外销的产品利润较低，该公司近年来大力开拓国内市场，主要利用各地的代理商扩大市场。为了激励代理商，根据代理商的销售业绩给予商业折扣。公司规定：在以月度结算的条件下，月销售商品10000件（不含10000件）以下的，月度折扣为2元/件；月销售10000～20000件的，月度折扣为3元/件。年销售商品在150000件以下的，年终折扣为2.5元/件；年销售商品在150000－250000件的，年终折扣为3元/件。

该方法在经营实践中收到较好的效果，很快打开国内市场，当年内销售额实现4亿元。到年底与代理商进行结算时，支付商业折扣2000万元（以产品的形式或货币的形式），但税负很高，因为价款与商业折扣不能在同一发票上体现，增值税、企业所得税等税收负担大大增加。

案例解析：华美盛公司邀请税务顾问为其设计税收筹划方案，税务专家设计了如下三种方案。

方案一：预估折扣率。

根据代理商以前月份或者以往年度的销售情况平均计算确定一个适当的折扣率。当该代理商来公司提货时，会计人员在开具发票过程中就可以按平均数10000件的折扣率计算折扣，然后在一定的期间内再进行结算。

这种方法的优点是能够反映代理商的折扣情况，及时结算商业折扣；缺点是对业务不稳定、销售波动比较大的客户，其折扣情况难以把握。

方案二：递延处理折扣。

将月度折扣推迟至下一个月来反映，年度折扣推迟到下个年度来兑现。假如某代理商1月销售商品12000件，其享受的折扣额为3元/件，那么该客户1月应享受的月度折扣为36000元，待该客户2月来开票时，便将其上月应享受的月度折扣36000元在票面予以反映，代理商按减除折扣后的净额付款。如果代理商上月应结折扣大于当月开票金额，则可分几次在票面上予以体现。年度折扣主要是为了加强对市场网络的管理，如无非常特殊情况，一般推迟到次年的3月进行结算，其处理方法与月度折扣一样，在次年3月开票时在票面上反映出来即可。

这种方法的优点是操作非常简便。缺点是如果月份间和年度间销量和折扣标准差异较大，不能较为真实地反映当月和当年度实际的经营成果，而且12月和年终折扣在进行所得税汇算清缴时可能会遇到一些障碍。这种方法适用于市场比较成熟、稳定，月份和年度间销量的折扣标准变化不大的企业。

方案三：当期结算和递延结算相结合。

当期结算和递延结算相结合的办法，即在日常开票时企业可设定一个当期结算折扣的最低标准，比如2元/件，所有的客户都按照这一标准来结算，并在发票上予以体现，客户按减除折扣后的净额付款，月末计算出当月的应结给客户的折扣总额，减去在票面上已经反映了的折扣额即为尚应结付的折扣额，将该差额在下月的票面上予以反映，年度折扣仍然放到下一个年度。

这种方法的优点是缓解了客户的资金压力，操作也相对简便。缺点是因部分月度折扣放在下一个月，年度折扣放在下一个年度，如果销量起伏太大，便不能真实地反映月度和年度的经营成果。这种方法适用于客户资金有一定压力或有特殊要求的企业。

【案例】山泉矿泉水公司是一家生产销售天然矿泉水的生产商，该公司为了鼓励代理商，给予优惠折扣政策如下：年销售矿泉水在100万瓶以下的，每瓶享受0.20元的折扣；年销售矿泉水在100万~500万瓶的，每瓶享受0.30元的折扣；年销售矿泉水在500万瓶以上的，每瓶享受0.35元的折扣。但是，在代理期间，由于山泉矿泉水公司难以准确知道每家代理商当年究竟能销售多少瓶矿泉水，也就不能确定每家代理商应享受的折扣率。

通常的做法是等到年底结算或第2年的年初，一次性地结算应给代理商的折扣总金额，单独开具红字发票，但这种折扣在计税时不允许冲减销售收入，山泉矿泉水公司每年多纳了部分税款。那么，有没有办法减少这样的损失呢？

案例解析：对于这一问题，可以通过采取预估折扣率的办法解决，如每年年初，山泉矿泉水公司按最低折扣率或根据上年每家经销代理商的实际销量初步确定一个折扣率，在每次销售时预估一个折扣率和折扣额来确定销售收入，即在代理期间每一份销售发票都按预估折扣率预计一定的折扣额，这样山泉矿泉水公司就可以将扣除折扣额后的收入确认为“主营业务收入”，从而降低税收支出。等到年底结算或次年年初每家代理商的销售数量和销售折扣率确定后，只需要对主营业务收入及折扣额的差额稍作调整即可。折扣额的差额可以递延到次年，作为下一年度的销售折扣额。

（二）销售折扣

销售折扣，也称为现金折扣，即为鼓励客户早付款而给予的价款结算额的优惠。税法规定不能将销售折扣从销售额中扣除。

【案例】甲公司是一家玩具生产企业，为增值税一般纳税人。乙公司从甲公司采购一批玩具，采购价格为117000元（含税价格），由于乙公司提前10天付款，甲公司给予乙公司2%的现金折扣。

案例解析：甲公司的会计处理如下。

发货时：

借：应收账款——乙公司　　　　117000

　贷：主营业务收入　　　　100000

　　　应交税费——应交增值税（销项税额）　　17000

收款时：

借：银行存款　　114660

　　财务费用　　2340

　贷：应收账款——乙公司　　117000

如果甲公司给予乙公司2%的商业折扣，并将折扣额开在同一张发票上。甲公司的会计处理：

借：银行存款　　114660

　贷：主营业务收入　　98000

　　　应交税费——应交增值税（销项税额）　　16660

两种促销方式甲公司同样获得114660元销售收入，但缴纳的增值税相差340（17000－16660）元。因此，同是促销手段，商业折扣和现金折扣会产生不同的税收结果。

（三）销售折让

对于销售折让，税法规定可以按照折让后的销售额作为计税依据征收增值税。因此，在其他条件都相同的情况下，选择商业折扣或者销售折让方式的税负最低，因为商业折扣或销售折让均允许以其销售额扣除折扣后的余额作为计税依据。

【案例】某大型商场是增值税一般纳税人，购货均能取得增值税专用发票，为促销欲采用三种方案：一是商品7折销售；二是购物满200元赠送价值60元的商品（成本为36元，均为含税价）；三是购物满200元，返还60元的现金。假定该商场销售商品的毛利率为40%，销售额为200元的商品，其成本为120元；赠送的60元的商品，其成本为36元。

请问：消费者同样购买200元的商品，对于该商场选择哪种促销方式最为有利呢？

案例解析：具体计算过程如下。

方案一，商品7折销售，价值200元的商品销售价格为140元，应纳增值税额计算如下：

140÷（1+17%）×17%－120÷（1+17%）×17%＝2.9（元）

税后现金净流量＝140－120－2.9＝17.1（元）

方案二，购物满200元赠送价值60元的商品，应纳增值税额计算如下：

应纳增值税＝200÷（1+17%）×17%－120÷（1+17%）×17%＝11.6（元）

赠送60元的商品视同销售，应纳增值税额计算如下：

60÷（1+17%）×17%－36÷（1+17%）×17%＝3.5（元）

应纳增值税总额：11.6+3.5＝15.1（元）

税后现金净流量＝200－120－36－15.1＝28.9（元）

方案三，购物满200元，返还60元的现金，应纳增值税额计算如下：

应纳增值税 = 200 ÷ （1 + 17%） × 17% - 120 ÷ （1 + 17%） × 17% = 11.6（元）税后现金净流量 = 200 - 120 - 60 - 11.6 = 8.4（元）

从税负角度分析，方案一最优，企业缴纳的增值税总额最少。从税后现金净流量的比较来看，方案二最优。那么到底哪个方案是最优方案呢？

方案三虽然购物满 200 元，返还 60 元，看似打 7 折，其实不然，因为计税收入为 200 元，而不是方案一的计税收入为打折后的 140 元。

为什么方案二最优呢？原因在于方案二非常类似于捆绑销售，相对于方案一而言，多销售了商品，也多获得了现金净流量。进一步分析，如果赠送商品的成本很高，那么方案二就不一定是最优的。

（四）商业捐赠

税法规定，对纳税人赠送的商品视同销售，一并计算缴纳增值税。

【案例】 汇通商场以销售国内外名牌服装为主，“五一”期间进行促销活动，推出了优惠的销售政策：凡购买一套西服便赠送一条配套的领带，西服和领带的市场销售价分别为 1170 元（含税价）和 175.5 元（含税价）。

汇通商场促销活动的具体操作方法：对客户出具的发票是填写西服一套，价格为 1170 元，同时领出领带一条，客户付款 1170 元，在账务处理上记录的“主营业务收入”为 1000 元［即 1170/（1 + 17%）］，销项税额为 170 元。对于赠送的领带则按实际进货成本予以结转，记入当期“销售费用”科目核算。按照《中华人民共和国增值税暂行条例实施细则》的规定：将自产、委托加工或购买的货物无偿赠送其他单位或者他人，应视同销售计算缴纳增值税。所以，随同西服赠送的领带视同销售，计算增值税销项税额 25.5 元。此项销售活动每人次最终涉及增值税销项税额 195.5 元。同时补缴相应的企业所得税和个人所得税。

案例解析：对商场而言，开展赠送活动旨在吸引顾客、加快销售、提高市场占有率，结果却加重了企业的税收负担，增加了企业的现金流出。为此，汇通商场邀请税务专家策划促销活动，税务专家设计了以下税收筹划方案。

方案一，实行捆绑销售。将西服和领带价格分别下调，使两种商品的销售价格总额等于 1170 元，并将西服和领带一起捆绑销售。这样，就能达到促销和节税的双重目的。

方案二，将赠送的领带作为销售折让。将西服按正常销售来对待，同时将赠送的领带按其销售价格以现金折扣的形式返还给客户。即在普通发票上填写西服一套价格为 1170 元，同时填写领带一条，价格 175.5 元，同时以折扣的形式将 175.5 元在发票上反映，直接返还给客户，发票上的销售净额为 1170 元，客户实际付款 1170 元。此项活动的不含税销售收入为 1000 元，增值税的销项税额为 170 元，从而减少了增值税销项税额25.5元。同时也规避了企业所得税和个人所得税。

（五）捆绑销售

1. “买一赠一”

税法规定，企业以“买一赠一”等方式组合销售本企业商品的，不属于捐赠，应将总的销售金额按各项商品公允价值的比例来分摊确认各项的销售收入，并可相应结转商品成本。“买一赠一”属于捆绑销售模式，所以，许多企业在销售活动中运用“买一赠一”方式替代商业捐赠行为，能够合理控制税负。

【案例】某房地产公司推出“买一赠一”促销活动，购买一栋300平方米、市场价为120万元的别墅，赠送一个车库，市场价为30万元。

请问：该房地产公司应如何确认主营业务收入？

案例解析：“买一赠一”活动不属于捐赠，应将总的销售金额按别墅和车库的公允价值比例来分摊确认各项的销售收入。

别墅价格＝120/（120＋30）×120＝96（万元）

车库价格＝30/（120＋30）×120＝24（万元）

2. “加量不加价”

“加量不加价”是一种有效的促销方式，其操作要点：在销售商品时，增加每一包装中的商品数量，而销售总价不提高，相当于商品打折销售，但可以起到打折销售不能实现的促销效果。同时，还可以加快存货周转速度，增加税前扣除项目金额，从而降低企业所得税负担。“加量不加价”的促销模式，实际上是一种特殊形式的捆绑销售。

【案例】某洗衣粉厂在进行洗衣粉促销时，推出的促销方式是“加量不加价”。

案例解析：如该洗衣粉厂采取“买5000克的洗衣粉再送1000克”的促销政策，就要为免费赠送的1000克洗衣粉缴纳增值税并代扣代缴个人所得税。而采取“加量不加价”的促销模式，6000克洗衣粉卖5000克的价钱，数量增加，价格不变，相当于洗衣粉打折销售，则该洗衣粉厂只需按照销售价格计算缴纳增值税，允许税前扣除6000克洗衣粉的成本，从而降低了企业所得税负担。从税收筹划角度分析，“加量不加价”是一种很好的促销方式，其实质是打折销售，也可以看成是商业捐赠的替代方式。

三、销售方式及结算方式的税收筹划

（一）套装销售的税收筹划

当产品套装销售时，要特别注意套装产品各组成部分所适用的税率是否一致。

如果套装产品中有应税产品，有免税产品，有税率高的产品，有税率低的产品，最好的办法是把产品分开销售，独立核算，分别计税，否则税务机关征税时会从高适用税率。因此，套装产品的销售要规避税率从高征税的情况。

【案例】某酒厂生产粮食白酒与药酒组成的套装礼品酒进行销售。该厂对外销售的套装礼品酒单价为600元/套，其中粮食白酒、药酒各1瓶，均为1斤装（假设该酒厂单独销售，粮食白酒400元/瓶，药酒200元/瓶，礼品套装酒的包装费忽略不计）。请问该酒厂销售礼品套装酒应如何进行税收筹划？根据现行的税法规定，粮食白酒的消费税比例税率为20%，定额税率为0.5元/斤；药酒的比例税率为10%。

案例解析：该酒厂经过策划，采取以下两种税收筹划方案。

方案一，先包装后销售。

税法规定，将不同税率的应税消费品组成成套消费品销售的应按最高税率征税。因此，如果销售套装礼品酒，药酒不仅要按20%的高税率从价计税，而且要按0.5元/斤的定额税率从量计税。这样，该酒厂应纳消费税计算如下：

$600 \times 20\% + 2 \times 0.5 = 121$（元）

方案二，先销售后包装。

即先将粮食白酒和药酒分品种销售给零售商，分别开具发票并分别核算收入，然后再由零售商包装成套装礼品酒后对外销售。在这种情况下，药酒仅需按10%的比例税率从价计税，而且不必按0.5元/斤的定额税率从量计税。这样，该酒厂的应纳消费税如下：

$400 \times 20\% + 200 \times 10\% + 1 \times 0.5 = 101$（元）

通过比较可知，每销售套装礼品酒一份，方案二就比方案一节省消费税20（121－101）元。

（二）代理销售的税收筹划

代理销售通常有两种方式：一是收取手续费的方式，即受托方根据所代销的商品数量向委托方收取手续费，这对受托方来说是一种劳务收入，需要缴纳增值税；二是视同买断，即委托方不采用支付手续费的方式委托代销商品，而是通过制定较低的协议价格鼓励受托方买断商品，受托方再以较高的市场价格对外销售。如果委托方为了统一市场价格，执意要受托方按一定的市场价格销售，那么双方可以调整协议价格以达到满意的合作结果。这种情况委托方、受托方之间的流通环节应视为正常销售行为，需要缴纳增值税。两种代销方式对委托双方的税务处理及总体税负水平是不同的，合理选择代销方式可以达到合法节税的目的。

（三）结算方式的税收筹划

与采购时的付款方式相对应，在销售时企业也可通过收款方式的选择进行税收筹划。从本质上看，委托代销、分期收款销售与直接收款销售结算方式并无太大区别，它们最终都表现为货物所有权的转移和货款的收取，只是结算的方式不同而已。但从税收角度来看，不同的结算方式，将导致应税收入的确认时间不同，纳税人缴纳税款的时间也不同。由于税金缴纳均为现金形式，企业如果能够在取得现金后进行税金支出显然是最好的选择，这也可以减少财务风险。

【案例】2012 年 12 月初，某外贸企业与当地交通部门签订一笔合同，由该外贸公司为交通部门从国外进口一批通信设备，销售额达 3 亿元之多。由于该外贸公司看到市场竞争激烈，怕失去交通部门这一重要客户，因此急于成交，合同签订草率。合同中规定交通部门货到验收后付款，交通部门出于自身财务预决算的考虑，要求外贸公司在 12 月底以前开具正式销售发票，该外贸公司认为进口商品会很快运抵，便同意了交通部门的请求，并马上开具了销售额为 3 亿元的增值税专用发票。由于进口谈判和季节周期等原因，该批通信设备截至 2013 年 2 月还未运抵，但是该外贸公司在开票后确认销售收入的实现，先垫付了 5000 万元的增值税，还提前确认了销售收入，提前缴纳了企业所得税。

案例解析：由于上述外贸公司在交易没有完成之前轻率地开出销售发票，因此很容易出现垫付增值税的现象，这是由交易的不确定性造成的。防止垫税的最佳方法是利用合同转嫁税负，在充分考虑结算方式和销售方式的前提下以合同条款的形式将交易活动的主动权控制在自己手中，实际上该外贸公司完全可以通过分期销售方式来规避垫税风险。

每种销售结算方式都有其收入确认的标准条件，企业通过对收入确认条件的控制，可以控制收入确认的时间。因此，在进行税收筹划时，企业可以采用合法的方式推迟销售收入的确认时间，推迟纳税。

如对发货后一时难以回笼的货款，作为委托代销商品处理，待收到货款时再出具发票纳税；尽量避免采用托收承付和委托收款结算方式销售货物以防止垫付税款；在不能及时收到货款的情况下，采用赊销或分期收款结算方式以避免预付税款等。

【案例】美华公司以生产化妆品为主，以一个月为一个纳税期限。预计 5 月 28 日销售化妆品 10000 盒给永安商场，不含税单价为每盒 100 元，单位销售成本为 40 元。预计销售费用为 50000 元。增值税税率为 13%，消费税税率为 30%，企业所得税税率为 25%，城市维护建设税税率为 7%，教育费附加征收率为 3%。假设美华公司与永安商场均为增值税一般纳税人，所有购销业务均开具或收取增值税专用发票。

案例解析：在选择销售结算方式时，美华公司可选择以下几种方案。

方案一，直接收款销售结算。

《中华人民共和国增值税暂行条例实施细则》（以下简称《增值税暂行条例实施细则》）规定，采取直接收款方式销售货物，不论货物是否发出，其纳税义务发生时间，均为收到销售款或取得索取销售款凭据的当天。

在5月28日，无论是否收到货款，美华公司都应该确认收入，计算缴纳增值税、消费税和企业所得税。此方案的优点是可以在销售货物的同时及时收到货款，能够保证企业在取得现金后再支出税金。

方案二，分期收款销售结算。

若预计5月28日无法及时取得货款，可以采取分期收款销售结算方式。假设将上述货款平均分成4个月收取，每个月收取250000元，合同约定分别在6月10日、7月10日、8月10日、9月10日收取销货款。销售费用50000元在6月发生。

《增值税暂行条例实施细则》规定，采取赊销和分期收款方式销售货物，为书面合同约定的收款日期的当天，无书面合同的或者书面合同没有约定收款日期的，为货物发出的当天。

购销双方签订书面合同约定收款日期为6月20日，则5月28日发出货物无须确认收入，到6月20日才确认收入缴纳税款。

此方案虽然不能减少纳税总额，也未增加税后净收益总额，但可以延迟纳税义务发生时间，减轻企业资金支付压力。

方案三，委托代销结算。

若美华公司于5月28日将化妆品委托永安商场代销，合同约定永安商场以单价100元销售，每销售一盒化妆品可提取4元作为手续费（商场在交付销售清单时开具普通发票给美华公司）。美华公司5月份的销售费用则减少为10000元。美华公司于7月20日收到永安商场的代销清单，上列已销售数量为8000盒，不含税价款为800000元。永安商场扣除手续费后，将余款通过银行支付给美华公司。

《增值税暂行条例实施细则》规定，委托其他纳税人代销货物，为收到代销单位的代销清单或者收到全部或者部分货款的当天；未收到代销清单及货款的，为发出代销货物满180天的当天。

5月28日，由于尚未收到销售清单，所以无须确认该笔业务收入，也不需要计算缴纳相关税金，但5月发生的销售费用10000元，可以在计算5月的应纳税所得额时扣除。

7月20日，美华公司收到永安商场的代销清单时，确认收入计算缴纳税金。

根据上述筹划案例，可以得出以下结论：

若预期在商品发出时可以直接收到货款，则选择直接收款的销售方式较好；若商品需求量大，则选择预收货款的销售方式更好，可以提前获得一笔流动资金又无须纳税。

在发出商品后无法及时收到货款的情况下，如果采取直接收款方式，则会出现现金净流出，表现为企业账面利润不断增加的同时，流动资金却严重不足，企业为了维持生产可以向银行贷款解决资金问题，但又需要承担银行利息，加上尚未收到的货款还存在坏账风险，所以，财务风险大大增加。此时宜选择分期收款或赊销结算方式，一方面可以减轻销售方的财务风险，另一方面可以减轻购买方的付款压力。

自营销售与委托代销相比，委托代销可以减少销售费用总额，还可以推迟收入实现时间。但同时可能使纳税人对受托方产生依赖性，一旦受托方出现问题，可能给纳税人的生产经营活动带来较大危害。

四、销售返利及佣金的税收筹划

（一）销售返利的税收筹划

企业为了促销，往往对销售其产品的代理商给予货币或实物形式的销售返利，这种销售返利已经成为一种日趋成熟的商业模式。《国家税务总局关于平销行为征收增值税问题的通知》（国税发〔1997〕167 号）规定，从 1997 年 1 月 1 日起，凡增值税一般纳税人，无论是否有平销行为（生产企业以商业企业经销价或高于商业企业经销价的价格将货物销售给商业企业，商业企业再以进货成本或低于进货成本的价格进行销售，生产企业则以返还利润等方式弥补商业企业的进销差价损失），因购买货物而从销售方取得的各种形式的返还资金，均应依所购货物的增值税税率计算应冲减的进项税金，并从取得返还资金当期的进项税金中予以冲减。

企业如何筹划销售返利呢？下面给出税收筹划方案设计思路。

思路一：销售返利递延滚动到下一期间。

把本期该返利的部分递延到下一期间，以销售折扣或销售折让的形式体现出来，这样可以合理抵减主营业务收入。这一方法适用于业务量大且交易稳定的代理商。

思路二：销售返利以“加量不加价”的方式体现在产品包装里。

销售返利无法返还或不易直接返还时，可采用不同的产品包装，以加量不加价的方法解决。这也适用于交易稳定的代理商。例如，西部地区有一家制药厂，他们对批发商和零售商采取不同的药品包装，对于批发商销售政策优惠，给予较多的返利，而对于零售商销售优惠相对少一些。因此该制药厂对批发商和零售商采用不同形式的包装，发给批发商的产品采用加量不加价的方法给予较多的优惠，就把相当于销售返利的部分蕴含在产品包装里了。

当然，一些企业通过固定资产、存货等实物形式实现销售返利，还有一些企业通过代为支付费用等形式返利，这些做法在一定程度上都是违法的，应引起纳税人的注意。

【案例】 某摩托车厂家拥有多家代理商，销售返利政策如下：代理商每次购买 1000 辆摩托车，当累计达到 3000 辆时，该摩托车厂家给予代理商 3% 的销售返利，并当期支付给代理商。税务机关对此销售返利的看法：由于是在代理商最后达到3000辆时才给予销售返利，所以与税法规定不符，不能够在发票上体现折扣额，即不属于折扣销售。所以，必须按照销售收入全额确认收入并纳税。对此情况，该摩托车厂家应该如何筹划销售返利？

案例解析：该摩托车厂家邀请税务顾问为其进行税收筹划，税务顾问设计了以下三种筹划方案。

方案一，当代理商的销售量达到3000辆时，对最后的1000件给予9%的折扣，并且在发票上注明折扣额。这样一来，就转化了销售返利，解决了销售返利的纳税问题。

方案二，当代理商的销售量达到3000辆时，需要支付的销售返利不在当期返还，而是作为下一期间的折扣额，在下一期间的销售发票上体现，即采取销售返利递延的方法处理。

方案三，当代理商为大型商场或超市时，给予代理商的销售返利一般转化为进场费、管理费或展销费。即大型商场或超市以收取相关费用的形式替代销售返利，并为摩托车厂家开具发票。

（二）礼品赠送的税收筹划

企业在促销活动中，一般会涉及礼品赠送问题。企业发生的馈赠礼品事项，按照税法规定应缴纳税款，履行纳税义务。

企业对累积消费达到一定额度的顾客，给予额外抽奖机会，个人的获奖所得，按照“偶然所得”项目，全额适用20%的税率缴纳个人所得税。

赠送的礼品是自产产品（服务）的，按该产品（服务）的市场销售价格确定个人的应税所得；是外购商品（服务）的，按该商品（服务）的实际购置价格确定个人的应税所得。

一般管理费用中列支的礼品均属于应代扣代缴个人所得税的情形。取得礼品所得的个人应依法缴纳个人所得税，税款由赠送礼品的企业代扣代缴。

对于企业发生的礼品赠送行为，哪些情况可以不缴纳个人所得税呢？对此我们分析礼品赠送行为的税收筹划方法。

1. 实行折扣销售

企业在销售商品（产品）和提供服务的过程中，通过价格折扣、折让方式向个人销售商品（产品）和提供服务，不征收个人所得税。即把赠品或对外捐赠之物作为价格折扣或折让向购买方提供。这种情况不构成商业捐赠，属于商品促销范畴。

2. 赠送服务项目

企业在向个人销售商品（产品）的同时赠送服务项目，属于捆绑销售模式，一般不缴纳个人所得税。例如，房地产公司在销售房产时向客户赠送物业服务（即免收若干年物业费），就属于这种情况。

3. 累计消费送礼品

企业对累计消费达到一定额度的个人按消费积分反馈礼品。例如，超市连锁企业对外销售办理消费积分卡，按照消费金额累计积分，并按积分赠送礼品，这种情况不需缴纳个人所得税。

4. 作为宣传费用的礼品赠送

企业所赠送的礼品在采购时作为宣传费用处理，此种情形不需要缴纳个人所得税。但所购礼品必须符合宣传费的标准，且金额不宜过大，即开支属于宣传费的正常范围。

五、销售活动的其他税收筹划方法

（一）设立销售公司筹划

对于生产企业而言，设立销售公司不仅可以利用关联定价规避税收，还可以实现销售费用、管理费用、财务费用等的转移支付，加大税前费用扣除力度。

【案例】黄河酒厂主要生产粮食白酒，是一个大型骨干企业。以前该企业的产品销售是按照计划经济的模式来进行的，产品按照既定的渠道销售给全国各地批发商。随着市场的日益活跃，商品销售出现了多元化的格局，部分消费者也直接到生产企业购买一定数量的白酒。按照以往的经验，该市的一些零售商店、酒店、消费者每年到工厂直接购买的白酒大约5000箱（每箱20斤）。

为了提高企业的盈利水平，2012年1月8日，企业在该市设立了一个独立核算的白酒销售公司。该厂按照给其他批发商的产品价格与销售公司核算，每箱400元，销售公司再以每箱480元的价格对外销售。粮食白酒适用消费税税率20%。黄河酒厂每年的业务招待费超支20000元。

案例解析：如果2012年度的销售额与往年持平，则黄河酒厂应纳消费税额分析如下。

上期应纳消费税 = 5000 × 480 × 20% + 20 × 5000 × 0.5 = 530000（元）

本期应纳消费税 = 5000 × 400 × 20% + 20 × 5000 × 0.5 = 450000（元）

消费税节税额 = 530000 − 450000 = 80000（元）

销售公司业务招待费可以列支金额 = 5000 × 480 × 5% = 12000（元）

由于销售公司的设立分流了一部分业务，所以黄河酒厂可以将业务招待费转移到销售公司，税前多扣除业务招待费为12000元，所以可以抵减所得税3000元。

通过设立销售公司筹划，黄河酒厂共实现节税额：80000 + 3000 = 83000（元）

（二）关联定价筹划

转让定价是利用税率的差异或减免税的低税负政策，通过价格因素在企业之间转移利润的行为。实行转让价格的双方具有一定的隶属关系和互惠关系，属于关联方。转让定价会造成关联体内部之间利益的再分配，但能够从关联体整体角度降低税负。

【案例】振邦集团总部的企业所得税税率为25%，其一子公司振龙公司，雇佣残疾人比例达到75%，被认定为福利企业，暂免征收企业所得税。振邦集团总部把成本为80万元，原应按120万元作价的一批货物，以转让定价100万元销售给振龙公司，振龙公司最后以140万元的价格销售到集团之外。

案例解析：下面比较转让定价对振邦集团总体税负水平的影响。

振邦集团按正常定价应负担的税收＝（120－80）×25%＝10（万元）

降低转让定价后，振邦集团实际负担的税收＝（100－80）×25%＝5（万元）

采用转让定价后，振邦集团可以实现的节税额＝10－5＝5（万元）

转让定价之所以被广泛运用，是因为任何一个商品生产者和经营者及交易双方均有权力根据自身的需要确定所生产和经营产品的价格标准，只要交易双方是自愿的，别人就无权干涉，这是一种合法行为。但有失公允的转让定价会被税务机关调节或处罚，所以转让定价筹划具有一定的风险。

下面通过转让定价模型来分析转让定价在税收筹划中的运用技巧，如图6－1所示。

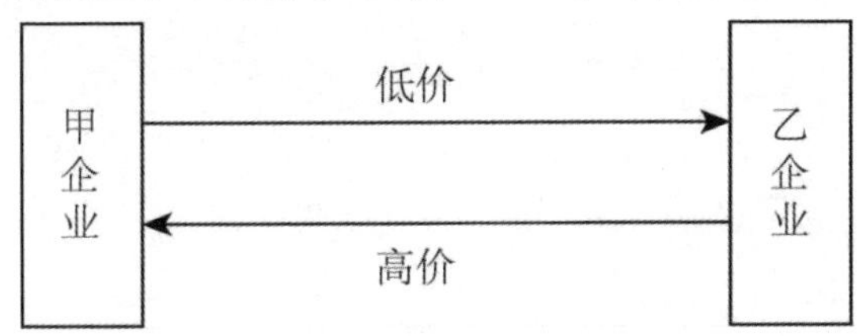

图6－1　转让定价简单模型

图6－1中甲企业和乙企业为异地关联企业，当两企业承受的税率不同时，将利润从税率高的企业向税率低的企业转移有利于关联企业整体税负的减少。①当甲企业税率较高时，采取低价出货给乙企业、从乙企业高价进货的方法，将利润转移给乙企业，减少应纳税额。②当乙企业适用税率较高时，甲企业采取从乙企业低价进货、高价出货的方式，将利润转移到甲企业，减少应纳税额。

假如甲、乙企业为异地非关联企业，甲企业的税率高于乙企业，如果再采取图6－1的方式，甲企业抬高进价、压低售价的方法，会使非关联企业获益，自己反倒遭受损失。因而要引入丙企业。假定丙企业与甲企业是关联企业，且丙企业与乙企业同处一地，适用税率与乙企业相同。其筹划基本思路如图6－2所示，甲企业先与丙企业按内部价格核算，再由丙企业与乙企业按市场价格进行正常交易。

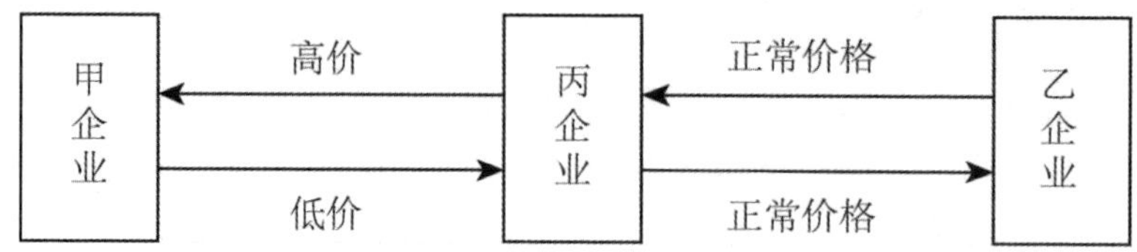

图6-2 转让定价扩大模型

由于现实经济活动的复杂性，甲、乙企业可能为同地企业，也可能是异地企业但适用税率相同，有时并不涉及交易活动，可能只涉及集团内部的税费分摊。这时上面的模型便不能解决问题，需借助复杂的转让定价模型，即通过建在低税区或避税地的中转公司进行转让定价，将利润转入低税区或避税地以实现节税目的。还有更复杂的，利用关联交易非关联化处理，即引入不相关联的第三方甚至更多方，通过多边关系多重交易过程实现转让定价。

总之，除了以上货物交易的转让定价之外，关联企业之间的劳务转让定价、资金借贷转让定价、资产租赁转让定价、无形资产转让定价、管理费用分摊转让定价等使利润从集团内高税率公司向低税率公司转移的操作原理与货物交易是相同的。

第七章　利润分配和薪酬激励中的税收筹划

第一节　利润分配的税收筹划

一、企业股利及分配时机的税收筹划

（一）股利的处理方式

企业的利润总额按照税法规定缴纳企业所得税后，其税后利润还要在企业与股东之间进行分配。对公司股东所分配的股利，股东为法人企业的，还要合并计入其利润总额征收企业所得税（符合免税条件的股利除外），对合伙人及合伙企业分得的股利还要征收个人所得税。在这种情况下，企业如何使股东或合伙人尽量减少税收负担呢？可行的方式就是延期分配股利或直接将股东（合伙人）应分得的股利转作投资，以获得延期纳税的好处。

所谓延期纳税，是指实行居民管辖权的国家对外国子公司取得的利润等收入，在没有以股息等形式汇给母公司以前，对母公司不就国外子公司应分的股息征税，征税行为可以推迟到母公司取得股息之时。跨国公司还可以设法使外国子公司将其税后利润长期积累，在公司内部不予分配，或有意识地降低应分配股息的比例，从而可以相应地推迟或减少股东向母国缴纳的税收，达到税收筹划的目的。延期纳税使纳税人获得了一笔长期无息贷款，同时也降低了所得税的实际课征率。

这种方法目前也适用于我国的股份制企业，即通过控制股利分配来合理控制税负。在我国经济实践中主要有以下两种做法。

1. 保留盈余提升股票价值

股份公司采取不直接分配股利而使股票增值的方法来达到目的。例如，北京一家股份公司，2012 年营业状况良好，获取了不少利润，但它并没有把税后利润全部分给股东。经董事会研究决定，把税后利润中的大部分作为公司的追加投资，这样，

公司的资产总额加大了，而并没有多发行股票，使公司原有股票升值。与发放股利这种常规做法相比，好处表现在两方面：一方面，股东无须再缴纳个人所得税（股利部分）；另一方面，公司也取得了再投资部分的优惠待遇。

2. 设立持股公司

这种方法也是针对股东而言的，如果某一公司想对另一股份公司投资可采取此办法，即在低税区建立持股公司。低税区通常对股利和资本利得免税，或只征很低的税，母公司将股利留在持股公司，就是将在低税区获得的税收优惠利益暂时保存，获得延迟纳税的好处，但我国对企业从关联企业分得利润还要并入企业利润总额征收企业所得税，但其已纳税款可在确定实缴税款时予以抵免。在这种情况下，若企业与关联企业适用税率一致便不会增加企业税负，股利或盈余怎么分配似乎对企业没有多少影响；如果企业与关联企业适用税率不一致，尤其是关联企业适用低税率时，延期分配股利或盈余对企业的影响就不一样。它至少可为企业获得低税区税收优惠款项所带来的税收利益的时间价值。

若股东为个人，便不能享受税收抵免待遇，双重征税无法避免，在这种情况下，可将股利直接转增资本，以增加股东所持股票价值给股东带来不缴个人所得税或缓缴个人所得税的利益。

（二）股利分配时机的选择

在直接投资中，投资者可以直接以实物进行投资，也可以以货币进行投资，假设某投资者是以货币形式进行投资并取得股权的，我们就称作股权投资。投资者从被投资企业获得的收益主要有股利（包括股息性所得）和股权转让所得。根据目前我国企业所得税法相关规定，企业股权投资取得的股利与股权转让所得的税收待遇是不同的。

股利属于股息性所得，是投资方从被投资单位获得的税后利润，属于已征过税的税后利润，原则上不再重复征收企业所得税。

股权转让所得是投资企业处置股权的净收益，即企业收回、转让或清算处置股权投资所获得的收入减除股权投资成本后的余额。这种净收益应全额并入企业的应纳税所得额缴纳企业所得税。

投资方可以充分利用上述政策差异进行税收筹划。如果被投资企业是母公司下属的全资子公司，则没有进行利润分配的必要。但是，需要注意的是，如果投资方打算将拥有的被投资企业的全部或部分股权对外转让，则会造成股息性所得转化为股权转让所得，使得本应享受免税的股息性所得，转化为应全额缴税的股权转让所得。因此，投资方应该要求先将被投资企业的税后利润分配完毕之后，再进行股权转让，这样就能获得税收筹划的好处。

因此，一般情况下，被投资企业保留税后利润不分配，企业股权在转让之前必须将未分配利润进行分配。这样做，对投资方来说，可以达到不缴税的目的，有效地避免股息性所得转化为资本利得，从而消除重复纳税；对于被投资企业来说，不分配税后利润可以减少现金流出。

二、企业分配活动的税收筹划

利润分配，是指企业将一定时期内实现的利润总额按照有关规定进行合理分配的过程。企业税后利润按规定顺序进行分配。在企业利润分配过程中，与税负有关的主要是利润分配的顺序和保留利润的问题。

（一）利用税前利润弥补以前年度亏损

对企业发生的年度亏损，税法允许用下一年度的税前利润弥补。下一年度利润不足弥补的，可以逐年延续弥补。但是，延续弥补期最长不得超过五年。所以，用税前利润弥补以前年度亏损，可以降低税负。在用税前利润弥补亏损的五年期限到期前，可尽量多列支税前扣除项目和扣除金额，继续造成企业的亏损，从而延长税前利润补亏这一优惠政策的期限。

【案例】A 公司于 2011 年成立并开始生产经营，同时还投资 B 公司取得 60% 的控股权。A 公司当年经济效益一般，盈亏基本持平。假如 2011 年由于市场原因，A 公司效益进一步下滑，预计亏损 100 万元。但 B 公司效益很好，2012 年可以分配给 A 公司税后利润 50 万元。A、B 两公司企业所得税率均为 25%。

案例解析：按照税法规定，A 公司从 B 公司分回的 50 万元税后利润属于免税项目，不用缴纳企业所得税。由于 A 公司取得 B 公司控股权，可以决定什么时间分配税后利润。因此，就企业所得税的弥补亏损问题可以分析如下（不考虑应纳税所得额税务调整因素）。

如果 2012 年 B 公司按时分配 50 万元税后利润给 A 公司。那么，可以结转以后年度弥补的亏损，应该是冲抵免税项目所得后的余额。A 公司 2012 年度可以结转弥补的亏损是 50 万元。如果 2012 年 B 公司保留税后利润暂不分配，那么 A 公司 2012 年度可以结转弥补的亏损还是 100 万元。不分配税后利润比分配税后利润可以多弥补 50 万元，假如 A 公司以后年度有生产经营利润弥补亏损，相对而言，可以节约税收 12.5（50×25%）万元。

还要注意，B 公司的税后利润应该在 A 公司用自身的生产经营应税所得弥补完亏损后或弥补期过后才能分回。否则，按照税法规定，应税项目有所得但不足弥补以前年度亏损的，免税项目的所得也应用于弥补以前年度亏损。也就是说，虽然以前年度可以弥补的亏损额没有减少，但是用以后年度分回的投资收益免税所得弥补后，实际上纳税人还是没有获得实际利益。

进一步分析，A 公司 2012 年如果不分配 50 万元投资收益，可以税前弥补的亏损额为 100 万元。如果 2012 年 A 公司实现盈利 30 万元，同时分配 50 万元投资收益，则 2012 年应该弥补以前年度亏损 80 万元，A 公司还是用免税投资收益弥补了亏损。但如果 A 公司 2012 年盈利在 100 万元以上时，此时分回 50 万元投资收益，则企业可以用本年度自身实现的应税所得 100 万元弥补全部亏损，50 万元投资收益没有用于弥补亏损，A 公司这时才真正获得实际利益。

（二）未分配利润保留在法人企业不分配，减轻投资者个人的税收负担

税法规定，投资企业从被投资企业分回的税后利润，因已经缴纳过企业所得税，所以不再缴纳企业所得税。如果投资企业不再将分回的税后利润分给个人股东，则不需缴纳个人所得税，这样可以减轻个人股东的税收负担。

（三）股息所得与股权转让所得的税收筹划

在股权转让过程中，转让方应该注意不要把股息所得转化为股权转让所得，这样会加大转让方的税收负担。正确的做法是先进行利润分配，然后进行股权转让。

【案例】 A 公司于 2009 年 2 月 20 日以银行存款 900 万元投资于 B 公司，占 B 公司股本总额的 70%，B 公司当年获得税后利润 500 万元。A 公司 2010 年度内部生产、经营所得为 100 万元。A 公司所得税率为 25%，B 公司的所得税率为 15%。

案例解析：方案一，2011 年 3 月，B 公司董事会决定将税后利润的 30% 用于分配，A 公司分得利润 105 万元。2011 年 9 月，A 公司将其拥有的 B 公司 70% 的股权全部转让给 C 公司，转让价为 1000 万元，转让过程中发生税费 0.5 万元。

方案二，B 公司保留盈余不分配。2011 年 9 月，A 公司将其拥有的 B 公司 70% 的股权全部转让给 C 公司，转让价为 1105 万元。转让过程中发生税费 0.6 万元。

则 A 公司应纳企业所得税额计算如下。

方法一，A 公司生产、经营所得 100 万元，税率 25%，应纳企业所得税 = 100 × 25% = 25 万元。

A 公司分得股息收益 105 万元，不需缴纳企业所得税。

股权转让所得 = 1000 − 900 − 0.5 = 99.5（万元）

应纳所得税额 = 99.5 × 25% = 24.88（万元）

因此，A 公司 2011 年应纳企业所得税额为 49.88（25 + 24.88）万元。

方法二，同理，A 公司生产、经营所得应纳税额 25 万元。

由于 B 公司保留盈余不分配，从而导致股息所得和资本利得发生转化，即当被投资企业有税后盈余而发生股权转让时，被投资企业的股价就会发生增值，如果此

时发生股权转让，这个增值实质上就是投资者在被投资企业的股息所得转化为资本利得。因为企业保留利润不分配，才会导致股权转让价格升高。这种因股权转让而获得的收益应全额并入企业的应纳税所得领，依法缴纳企业所得税。

A公司资本转让所得204.5（1105－900－0.5）万元，应纳所得税额51.13（204.5×25%）万元。

A公司2011年合计应纳企业所得税为76.13（25＋51.13）万元。

方法一比方法二减轻税负：76.13－49.88＝26.25（万元），前者明显优于后者。其原因在于，A公司在股权转让之前获取了股息所得，有效防止了股息所得转变为股权转让所得，避免了重复征税。

值得一提的是，被投资企业对投资方的分配支付额，如果超过被投资企业的累计未分配利润和累计盈余公积金而低于投资方的投资成本的，视为投资回收，应冲减投资成本；超过投资成本的部分，视为投资方企业的股权转让所得，应并入企业的应纳税所得，依法缴纳企业所得税。因此，在A公司进行转让之前B公司分配股息时，其分配额应以不超过可供分配的被投资单位累计未分配利润和盈余公积金的部分为限。

上述筹划方案还适用于以下类似情形，比如外商投资企业的外籍个人股东转让其股权，就应采取“先分配后转让”的筹划策略，因为外国投资者从外商投资企业取得的利润（股息）和外籍个人从中外合资经营企业分得的股息、红利，免征个人所得税，而外国企业和外籍个人转让其在中国境内外商投资企业的股权取得的超出其出资额部分的转让收益，应按20%的税率缴纳预提所得税或个人所得税。因此，采取“先分配后转让”可以有效避免重复征税，通过利润分配减少了投资方的股权转让所得，降低了投资方的税收负担。

第二节　薪酬激励的税收筹划

一、纳税筹划的基本概述

纳税筹划主要指纳税人员在根据自身运营状况合理规划的基础上，在满足国家有关标准的同时，采用各个方式达到减少纳税目的的一种方式。纳税筹划是我国许可的，但是前提条件在于不可和国家有关法律标准相背离，确保其合法性及合理性。在实施纳税筹划以前，应该对纳税主体运营情况及投资活动等和税收有关的事务情况进行合理规划，采用该方式能够有效减少纳税人纳税数额或者延后纳税时间，该行为包含在谋划行为范畴内。此外，纳税筹划的实质在于纳税人面对国家有关部门提出的政策所给出的各种建议和反馈结果。

二、新个人所得税法纳税内容

（一）起征点

从2019年1月开始，我国正式实施新个人所得税法，并把之前的纳税标准由每月3000元更改成每月5000元，税率及减除税额等也出现适当改变。按照新税法明确要求，居民个人综合所得，以每一缴纳年度收入额减去费用60000元以上及专项扣除、专项附加扣除以及依照法律标准明确的其他抵扣之后的余额，给应该缴纳的所得税额。

（二）减税倾向

在新个人所得税法中，减税倾向主要以低收入人群为主。新个人所得税法明确要求，经过多次改革和完善，个税部分税率级距逐渐得到了完善，共有3%、10%、20%、25%、30%、35%、45%七个税率级别。

（三）支出抵税

在新个人所得税法中，允许多项支出可抵税。在未来核算个税的过程中，在扣除基本减除费用标准以及“五险一金”或者“六险二金”等专项扣除之外，具体范畴及标准由国家相关部门明确，并且汇报给全国人大常委会备案。

（四）纳税税率

在新个人所得税法中明确指出，于2018年10月1日开始，纳税人基本工薪、薪金所得，都要先行以每月收入额减去5000元及专项扣除和依法明确的其他扣除之后的余额为应纳所得税额。

三、新个人所得税法下工资薪金个人所得税的纳税筹划对策

（一）工资薪金平均发放的纳税筹划

新个人所得税法（以下简称新个税法）于2019年1月1日起正式施行，于2018年10月1日起施行最新起征点和税率。在进行个税筹划过程中，假设纳税人每月工薪不均衡，部分月份薪酬比较高，适合应用高税率，但是部分月份薪酬比较少，需要应用低税率，如没有超出免征额，则无须进行纳税。在该状况下，纳税人需要根据实际情况，对超出其纳税范畴收入的进行纳税；如果纳税人每月工薪变化

比较明显，则应该应按平均发放工薪的方式纳税。通常情况下，都能够有效地减少个人所得税缴纳，这样既能够缓解个人所得税税负，又能防止纳税筹划风险的出现。

（二）年终一次性奖金的纳税筹划

根据财税〔2018〕164号《财政部　税务总局关于个人所得税法修改后有关优惠政策衔接问题的通知》的规定：居民个人取得全年一次性奖金，符合规定的，在2021年12月31日前，不并入当年综合所得，以全年一次性奖金收入除以12个月得到的数额，按照通知所附按月换算后的综合所得税率表，确定适用税率和速算扣除数，单独计算纳税。计算公式为应纳税额 = 全年一次性奖金收入 × 适用税率 – 速算扣除数。居民个人取得全年一次性奖金，也可以选择并入当年综合所得计算纳税。自2022年1月1日起，居民个人取得全年一次性奖金，应并入当年综合所得计算缴纳个人所得税。

（三）个人捐赠的纳税筹划

工资与职工福利的使用范围存在一定程度的重合，如员工取得工资后需要支付的交通费、通信费、餐饮费、房租以及部分设备购置费等均可以由公司来提供，公司在为员工提供上述福利以后，可以相应减少其应发的工资，由此，不仅可以为员工节税，还可以为公司节省社保费的支出。根据《中华人民共和国个人所得税法》的规定，个人将其所得对教育、扶贫、济困等公益慈善事业进行捐赠，捐赠额未超过纳税人申报的应纳税所得额30%的部分，可以从其应纳税所得额中扣除；规定对公益慈善事业捐赠实行全额税前扣除的，从其规定。根据《财政部　国家税务总局关于企业等社会力量向红十字事业捐赠有关所得税政策问题的通知》（财税〔2000〕30号）的规定，个人通过非营利性的社会团体和国家机关（包括中国红十字会）向红十字事业的捐赠，在计算缴纳个人所得税时准予全额扣除。

利用公益慈善事业捐赠进行纳税筹划应注意三个问题：第一，通过有资格接受捐赠的组织进行公益捐赠，不能直接向受赠者捐赠，否则，无法税前扣除；第二，一般公益捐赠的税前扣除具有限额，特殊公益捐赠的税前扣除没有限额，尽量选择可以全额税前扣除的项目；第三，在个人需要纳税的年度进行公益捐赠可以起到抵税的作用，如个人在某个年度不需要纳税，公益捐赠无法起到抵税的作用。

四、股票期权的纳税筹划

股票期权起源于美国，美国迪士尼公司和华纳传媒公司是世界上最早施行股票期权激励的两家企业。股票期权是企业授予高级管理人员的一种权利，持有人可以在规定的时间内以股票期权的“施权价”购买本公司股票，这个过程叫作行权。行权之前，股票期权持有人没有任何现金收益；行权之后，个人收益为“施权价”与行权日市价之间的差价。

股权激励是解决现代公司制委托代理问题的一种薪酬机制，现有的主要方式包括股票期权、限制性股票、虚拟股票、股票增值权等。我国的股权激励发展较迟，2006 年《上市公司股权激励管理方法（试行）》的实施推动中国上市公司建立健全激励与约束机制，2009 年发布《财政部　国家税务总局关于股票增值权所得和限制性股票所得征收个人所得税有关问题的通知》《关于股权激励有关个人所得税问题的通知》，政府进一步对股权激励中的股票增值权和限制性股票做出规定。2011 年《关于个人所得税有关问题的公告》，2014 年《股权转让所得个人所得税管理办法（试行）》，2016 年《关于完善股权激励和技术入股有关所得税政策的通知》，对取得股权激励中应纳个人所得税的问题又做出了规范。2010 年起，上市公司实施股权激励的数量呈逐年增长的趋势，股权激励越来越受到上市公司的重视，也受到企业重要员工的关注，已成为当前上市公司吸引人才和保留人才的主要工具。2017 年 7 月的《中国股权激励发展现状研究报告（上市公司）》显示，有 1024 家上市公司对股权激励情况进行报告，占比上市公司总数的 29.00%。

2006 年《上市公司股权激励管理办法（试行）》政策实施以来，上市公司实施股权激励计划从每年寥寥无几到风靡。2019 年新《中华人民共和国个人所得税法》将纳税人划分为居民个人和非居民个人，并对于居民个人取得的工资薪金、劳务报酬、稿酬、特许权使用费等四项所得，自 2019 年 1 月 1 日起，实行按年综合纳税，直接影响上市公司股权激励的个人所得税计税方式。为此，财政部、国家税务总局印发《关于个人所得税法修改后有关优惠政策衔接问题的通知》（财税〔2018〕164 号）就新《中华人民共和国个人所得税法》实施后，过渡期上市公司员工中的居民个人，获得股权激励所得个人所得税计税方法予以简化。

1. 限制性股票

2018 年 A 股上市公司股权激励统计中显示，首期公告股权激励形式中限制性股票激励占比 75%，已成为主流的股权激励形式。限制性股票指上市公司按照预先确定的条件授予激励对象一定数量的本公司股票，被激励对象只有在达到股权激励计划规定条件时，才能出售限制性股票并从中获益。

例如，小王 2018 年 3 月以 50000 元购入某上市公司授予的限制性股权 10000 股，当日股票收盘价为每股 10 元，2019 年 4 月解禁，解禁日股票价格为每股 16 元。应纳税额 = ［（登记日股票市价 + 解禁股票当日市价）/2 × 解禁股数 − 实际支付的资金］ × 适用税率 − 速算扣除数 = ［（10 + 16）/2 × 10000 − 50000］ × 10% − 2520 = 5480（元）。

2. 股票期权

股票期权指激励对象在给付了期权费后取得在合约期满前按协议价约定买入或

卖出一定数量股票的权利。员工以低于市场价格的某一特定价格购买公司一定数量的股份，从而获得的行权价与收盘价的差额。

例如，小王 2018 年 2 月取得某上市公司授予的股票期权 10000 股，授予日股票收盘价为 10 元，期权价格为 8 元，规定可在 2019 年 3 月行权。假定小王 2019 年 3 月 20 日前行权，且行权当天股票市价为 16 元。应纳税额 =（行权日股票市价 - 期权行权价）×股票数量×适用税率 - 速算扣除数 =（16 - 8）×10000×10% - 2520 = 5480（元）。

2018 年《关于个人所得税法修改后有关优惠政策衔接问题的通知》规定，2019 年 1 月 1 日到 2021 年 12 月 31 日，居民个人一个纳税年度内取得两次以上（含两次）股权激励的，应将各次的所得合并后，不并入当年综合所得，全额单独计算纳税。

例如，小王 2019 年 11 月 15 日再次行使股票期权，又取得公司股票 5000 股，每股行权价 8 元，10 月 31 日当日公司股票收盘价 23 元。应纳税额 =（第一次股权激励所得 + 第二次股权激励所得）×适用税率 - 速算扣除数 - 第一次应纳税额 = [（16 - 8）×10000 +（23 - 8）×5000] ×20% - 16920 - 5480 = 8600（元）。

第八章　资本交易中的税收筹划

第一节　企业并购的税收筹划

企业并购是实现资源流动和有效配置的重要方式，在企业并购过程中不可避免地涉及企业的税收负担及筹划问题。合并筹划是指企业利用并购及资产重组手段，改变其组织形式及股权关系，实现税负降低的筹划方法。

企业并购指通过一个企业与另一个企业的结合或获得对另一个企业净资产和经营活动的控制权，而将各单独的企业合成一个经济实体。企业并购的税收筹划是指在税法规定的范围内，并购双方从税收角度对并购方案进行科学、合理的事先筹划和安排，尽可能减轻企业税负，从而达到降低合并成本、实现企业整体价值最大化的效果。

一、选择并购目标的税收筹划

（一）选择并购类型的税收筹划

并购类型的选择是并购决策中的首要问题，若选择同行业同类企业作为目标企业，则属于横向并购，可以消除竞争、扩大市场份额、形成规模效应。从税收角度考察，由于横向并购不改变经营主业和所处的行业，所以一般不会对纳税环节和税种有过多影响。从纳税主体属性上看，增值税小规模纳税人可能会因规模的扩大而转变为一般纳税人，中小企业可能会扩张为大企业。

若选择与供应商或客户进行并购，则属于纵向并购。纵向并购实现了上下游一体化，实现了协作化生产，甚至创造了范围经济。对并购企业来说，与供应商及客户的交易变成了企业内部调拨行为，其流转环节减少，相应的流转税负也会降低甚至消失。由于纵向并购拓宽了生产经营范围，所以很可能增加纳税环节及税种。例如，钢铁企业并购汽车企业，将增加消费税税种，由于税种增加，可以说相应纳税主体属性也产生了变化，企业生产经营过程中也相应增加了消费税的纳税环节。

【案例】某地区有两家大型酒厂A和B，它们都是独立核算的法人企业。A酒厂主要经营粮食类白酒，以当地生产的大米和玉米为原料进行酿造，按照消费税法规定，应该适用20%的税率。B酒厂以A酒厂生产的粮食酒为原料，生产系列药酒，按照税法规定，应该适用10%的税率。A酒厂每年要向B酒厂提供价值2亿元、计5000万千克的粮食酒。经营过程中，B酒厂由于缺乏资金和人才，无法经营下去，准备破产。此时B酒厂欠A酒厂共计5000万元货款。经评估，B酒厂的资产恰好也为5000万元。A酒厂领导经过研究，决定对B酒厂进行收购。

案例解析：其决策的主要依据如下。

其一，这次收购支出费用较小。由于合并前，B酒厂的资产和负债均为5000万元，净资产为零。因此，按照税法规定，该并购行为属于以承担被兼并企业全部债务的方式实现吸收合并，不视为被兼并企业按公允价值转让、处置全部资产，不计算资产转让所得，不缴纳企业所得税。

其二，合并可以递延部分税款。合并前，A酒厂向B酒厂提供的粮食酒，每年应该缴纳的税款：

消费税 = 20000 × 20% + 5000 × 2 × 0.5 = 9000（万元）

增值税 = 20000 × 13% = 2600（万元）

而这笔税款一部分合并后可以递延到药酒销售环节缴纳（消费税从价计征部分和增值税），获得递延纳税好处；另一部分税款（从量计征的消费税）则免缴纳了。

其三，B酒厂生产的药酒市场前景很好，企业合并后可以将经营的主要方向转向药酒生产，而且转向后，企业应缴的消费税款将减少。由于粮食酒的消费税税率为20%，而药酒的消费税税率为10%，如果企业转产为药酒生产企业，则税负将会大大减轻。

假定药酒的销售额为2.5亿元，销售数量为5000万千克。

合并前应纳消费税款：

A酒厂应纳消费税 = 20000 × 20% + 5000 × 2 × 0.5 = 9000（万元）

B酒厂应纳消费税 = 25000 × 10% = 2500（万元）

合计应纳税款 = 9000 + 2500 = 11500（万元）

合并后应纳消费税 = 25000 × 10% = 2500（万元）

合并后节约消费税 = 11500 − 2500 = 9000（万元）

（二）目标企业的财务状况与税收筹划

并购企业若有较高盈利水平，为改变其整体的税收负担，可选择一家有大量净营业亏损的企业作为并购目标。通过合并后盈利与亏损的相互抵消，可以实现企业所得税的免除。这里还需注意两点：

首先，根据《关于企业重组业务企业所得税处理若干问题的通知》（财税〔2009〕59号）规定，适用于一般重组的吸收合并，被合并企业的亏损不得在合并企业结转弥补；而适用于特殊性重组的吸收合并，合并企业才可以以限额弥补被合并企业的亏损。因此，购并时应符合特殊性重组的条件：①具有合理的商业目的，且不以减少、免除或者推迟缴纳税款为主要目的。②企业重组后的连续 12 个月内不改变重组资产原来的实质性经营活动。③企业重组中取得股权支付的原主要股东，在重组后连续 12 个月内，不得转让所取得的股权。④企业股东在该企业合并发生时取得的股权支付金额不低于其交易支付总额的 85%，以及同一控制下且不需要支付对价的企业合并。⑤被收购，合并或分立部分的资产或股权比例符合《财政部、国家税务总局关于企业重组业务企业所得税处理若干问题的通知》规定的比例。

其次，购并亏损企业一般采用吸收合并或控股兼并的方式，不采用新设合并方式。因为新设合并的结果是被并企业的亏损已经核销，无法抵减合并后的企业利润。但此类并购活动必须警惕亏损企业并购后可能对整体企业带来不良影响，特别是利润下降给整体企业市场价值带来的消极影响，甚至会由于向目标企业过度投资，可能导致不但没有获得税收抵免递延效应，反而将优势企业也拖入亏损的泥潭。

（三）目标企业行业选择与税收筹划

我国对一些行业给予企业所得税优惠政策，例如，对小型微利企业减按 20% 的税率征收；对国家需要重点扶持的高新技术企业减按 15% 的税率征收；对农林牧渔业项目、国家重点扶持的公共基础设施项目，以及符合条件的环境保护、节能节水项目可予以免征、减征。并购方在选择并购对象时，可重点关注这些行业或项目，以获得税收优惠及其他政府补贴资金。

二、选择并购出资方式的税收筹划

在税收法律的立法原则中，对企业或其股东的投资行为所得征税，通常以纳税人当期的实际收益为税基；对于没有实际收到现金红利的投资收益，不予征税。这就给并购企业提供了免税并购的可能。

并购按出资方式可分为现金购买资产式并购、现金购买股票式并购、股票换取资产式并购、股票换取股票式并购。后两种并购以股票方式出资，对目标企业股东来说，在并购过程中，不需要立即确认其因交换而获得并购企业股票所形成的资本利得，即使在以后出售这些股票需要就资本利得缴纳企业所得税，也已起到了延迟纳税的效果。

股票换取资产式并购也称为股权置换式并购，这种模式在整个资本运作过程中，没有出现现金流，也没有实现资本收益，因而这一过程是免税的。企业通过股权置换式并购，可以在不纳税的情况下，实现资产的流动与转移，并达到追加投资和资产多样化的理财目的。

【案例】 A 公司欲兼并 B 公司。已知 A 公司对外发行的流通股为 3000 万股，股票面值为1.5元/股，市面价值为4元/股。A公司最近几年的每一期间的应纳税所得额比较稳定，估计合并后每年约为1000万元。B公司合并前账面净资产为500万元，上年亏损额为50万元，以前年度无亏损，该企业经评估确认的净资产价值为800万元。已知合并后A公司的股票面值基本不会发生变化，增值后的资产平均折旧年限为5年。有以下两个方案可供选择，请分析哪种方案更合算？

方案一：A公司用175万股和100万元购买B公司。

方案二：A公司以160万股和160万元购买B公司。

案例解析：上述方案具体分析如下。

方案一，因非股权支付额小于股权按票面计的15%，按税法规定B公司不用就转让所得缴纳企业所得税，B公司的50万元亏损可以在A公司盈利中弥补，同时A公司接受的B公司的资产可以以其账面净值为基础确定。这时，A公司弥补B公司亏损后的盈利为950（1000－50）万元，每年的加计折旧为100（500/5）万元，税后利润：950×（1－25%）＋100×25%＝737.5（万元）。

方案二，由于非股权支付额大于股权按票面计的15%，则按税法规定B公司的转让所得要缴纳企业所得税，纳税额：(800－500)×25%＝75（万元）。

A公司兼并B公司后，B公司不再存续，因此这笔税款实际由A公司缴纳，B公司的亏损额不能弥补。此时，A公司的利润为1000万元，加计折旧额为160(800/5)万元，税后利润：1000×（1－25%）＋160×25%＝790（万元）。扣除企业所得税后的净利润为623.8（722.8－99）万元。

【案例】2004年12月8日，联想集团以总价12.5亿美元收购了IBM（国际商业机器公司）的全球PC（个人电脑）业务，正式拉开了联想全球布局的序幕。可是，如果仔细研究，在这场中国并购市场上前所未有的大宗并购案中，涉及总计12.5亿美元的收购价格，联想集团为什么要采用“6.5亿美元现金＋6亿美元联想股票”的支付方式？这种支付方式背后隐含着怎样的策略呢？

案例解析：也许有人会说，如果全部现金收购，联想一次性付出12.5亿美元的现金有较大压力，而如果全部换股，按照6亿美元的联想股票相当于18.5%左右的股份来计算，全部换股后，IBM将持有联想集团38.5%的股份，联想控股所拥有的股份将减少为25%，这样一来，不是联想并购了IBM的PC业务，而是IBM吃掉了联想。

那么，大家可能会问，联想为什么不出“5.5亿美元现金＋7亿美元的联想股票”或“4.5亿美元现金＋8亿美元的联想股票”呢？

大家可能没有想到，这里面一个很重要的问题就是税收。事实上，在任何一场并购案中，并购企业在选择并购目标及其出资方式前都需要进行税收筹划。一般来说，并购企业若有较高盈利水平，为改变其整体的纳税状况，可选择一家具有大量净营业亏损的企业作为并购目标。通过盈利与亏损的相互抵消，实现企业所得税的减少。这是并购税收筹划的一般规则。比照这一规则，来看联想并购IBM的PC业务时双方企业的盈利能力。

在2004年年底并购前的4个月，也就是2004年8月，联想集团在中国香港宣布2004—2005财年第一季度（2004年4月1日至6月30日）业绩，整体营业额为58.78亿港元，较上年同期上升10%，纯利大幅度增加21.1%。同时，联想宣称：从1999年到2003年，其营业额从110亿港元增加至231亿港元，利润从4.3亿港元增长到11亿港元，5年内实现了翻番。

2005年1月，IBM向美国证交会提交的文件显示，其上月（2004年12月）卖给联想集团的个人电脑业务持续亏损已达三年半之久，累计亏损额近10亿美元。

一个是年利润超过10亿港元、承担着巨额税负的新锐企业，一个是累计亏损额近10亿美元、亏损可能还在持续上涨但亏损递延及税收优惠仍有待继续的全球顶尖品牌，在这样一个时段，这样一种状况，两者走到一起，恐怕不单纯是一种业务上的整合，很大程度上带有税收筹划的色彩：如果合并纳税中出现亏损，并购企业还可以通过亏损的递延推迟纳税。因此，目标公司尚未弥补的亏损和尚未享受完的税收优惠应当是决定是否并购的一个重要因素。也就是说，如果两个净资产相同的目标公司，假定其他条件都相同，一个公司有允许在以后年度弥补的亏损，而另一个公司没有可以弥补的亏损，那么亏损企业应成为并购的首选目标公司。

IBM提交美国证交会的文件披露后，曾引起联想股民的不满，联想股价曾一度下滑，事实上，这样的并购对联想来说是非常划算的。如果说有什么担心，恐怕也只是警惕并购后可能带来业绩下降的消极影响及资金流不畅造成的“整体贫血”，并防止并购企业被拖入经营困境。不过，现在看来，联想有能力成为奥运TOP合作伙伴以及其后续的一系列举措，暗示了其现金流并不存在太大问题，反而是IBM的巨亏很大程度上减少了联想的税负，成了并购案例中税收筹划的典范。

还要提醒大家注意的是，在股权收购中，如果是以现金购买股票，也会使被并购企业形成大量的资本利得，进而产生资本利得税或所得税的问题，有时被收购企业还会把这些税负转嫁给收购企业，这种时候，并购企业需要考虑“以股票换取资产”或“以股票换取股票”。

因为后两种以股票出资的方式对目标企业股东来说，在并购过程中，不需要立刻确认其因交换而获得并购企业股票所形成的资本利得，即使在以后出售这些股票需要就资本利得缴纳所得税，也已起到了延迟纳税的效果。

不过，正像前文联想并购案中所提到的，纯粹的“以股票换取资产”或“以股票换取股票”有可能形成目标企业反收购并购企业的情况，所以，企业在出资方式上往往是在满足多方需求的利益平衡状况下，计算出税负成本最低、对企业最有利的一种方式。

三、并购会计处理方法的税收筹划

并购会计处理方法有购买法和权益联合法两种。在两种会计处理方法下，对重组资产确认、市价与账面价值的差额等有着不同的规定，影响重组后企业的整体纳税状况。

在购买法下，并购企业支付目标企业的购买价格不等于目标企业的净资产账面价值。在购买日将构成净资产价值的各个资产项目，按评估的公允市价入账，公允市价超过净资产账面价值以上的差额在会计上作为商誉处理。商誉和固定资产由于增值而提高的折旧费用或摊销费用，减少税前利润，会产生节税效果，其数额为折旧或摊销费的增加数中相应的所得税费用减少数。

权益联合法仅适用于发行普通股票换取被兼并公司的普通股。参与合并的各公司资产、负债都以原账面价值入账，并购公司支付的并购价格等于目标公司净资产的账面价值，不存在商誉的确定、摊销和资产升值折旧问题，所以没有对并购企业未来收益减少的影响。吸收合并与新设合并以及股票交换式并购采用的就是这种会计处理方法。

购买法与权益联合法相比，资产被确认的价值较高，并且由于增加折旧和摊销商誉引起净利润减少，形成节税效果。但是购买法会增加企业的现金流出或负债，从而相对地降低了资产回报率，降低了资本利用效果，因此税收筹划要全面衡量得失。

四、选择并购融资方式的税收筹划

企业并购通常需要筹措大量资金，其融资方式主要有债务融资和股权融资。债务融资的利息允许在税前列支，而股权融资的股息只能在税后列支。因此，企业并购采用债务融资方式会产生利息抵税效应，这主要体现在节税利益及提高权益资本收益率方面。其中节税利益反映为负债成本计入财务费用以抵减应纳税所得额，从而相应减少应纳所得税额。在息税前收益率不低于负债成本率的前提下，债务融资比率越高，额度越大，其节税效果也就越显著。当然，负债最重要的杠杆作用则在于提高权益资本的收益率水平及普通股的每股收益率方面，这可以从下面公式得以充分的反映：

权益资本收益率（税前）＝息税前投资收益率＋负债/权益资本×（息税前投资收益率－负债成本率）

【案例】若甲公司为实行并购需融资400万元，假设融资后息税前利润有80万元。现有三种融资方案可供选择：方案一，完全以权益资本融资；方案二，债务资本与权益资本融资的比例为10:90；方案三，债务资本与权益资本融资的比例为50:50。假设债务资本成本率为10%，企业所得税税率为25%。请问甲公司应如何选择方案呢？

案例解析：当息税前利润额为80万元时，税前投资回报率＝80/400×100%＝20%＞10%（债务资本成本率），税后投资回报率会随着企业债务融资比例的上升而上升。因此，应当选择方案三，即50%的债务资本融资和50%的权益资本融资，这种方案下的纳税额最小：

应纳企业所得税＝（80－400×50%×10%）×25%＝15（万元）

但并购企业同时也必须考虑大量债务融资给企业资本结构带来的影响。如果并购企业原来的负债比率较低，通过债务融资适当提高负债比率是可行的；如果并购企业原来的负债比率比较高，继续采取债务融资可能导致加权平均资金成本上升、财务状况急剧恶化、破产风险增大等负面影响。此时，更好的融资方式也许是股权融资，或债务融资与股权融资并用，以保持良好的资本结构。

五、资产交易与股权交易的转化

企业并购是一种股权交易行为，它能够改变企业的组织形式及股权关系，与资产交易完全不同。资产交易一般只涉及单项资产或一组资产的转让行为，而股权交易涉及企业部分或全部股权，转让企业股权是整体转让企业资产、债权、债务及劳动力的行为，其转让价格不仅仅包括账面资产价值，还包括商誉等许多账面没有记录的无形资产等。

资产交易与股权交易所适用的税收政策有着较大差异：一般资产交易都需要交纳流转税和所得税，如对存货等流动资产出让应作为货物交易行为缴纳增值税；对货物性质的固定资产转让应缴纳增值税。如果需要在企业之间转移资产，那么以股权转让形式规避税收不失为一种好的税收筹划模式。企业股权转让与企业销售不动产、销售货物及转让无形资产的行为完全不同，转让企业股权不缴纳增值税。通过把资产交易转变为产权交易，就可以实现资产、负债的打包出售，规避资产转让环节的流转税，达到了利用并购重组筹划节税的目的。

第二节　企业分立的税收筹划

一、企业分立的筹划规律

企业分立与企业并购一样，也是企业产权调整、资产重组的重要方式。企业分立可以实现财产和所得在两个或多个纳税主体之间进行分割，一方面可以发挥专业分工优势，促进企业生产经营能力的提高，另一方面可以有效开展税收筹划，减轻企业税负。

（一）分立筹划的规律及适用范围

企业分立是指一个企业依照法律或者合同规定分为两个或两个以上的企业的行为。企业分立包括被分立企业将其部分或全部业务分离转让给两个或两个以上现存或新设企业（以下简称分立企业），为其股东换取分立企业的股权或其他财产。企业分立有利于企业更好地适应环境和利用税收政策获得税收方面的利益。

分立筹划利用分拆手段，可以有效地改变企业组织形式，降低企业整体税负。分立筹划一般应用于以下方面：一是利用企业分立可以将一个企业分拆形成有关联关系的多个纳税主体；二是企业分立可以将兼营或混合销售中的低税率业务或零税率业务独立出来，单独计税降低税负；三是企业分立使适用累进税率的纳税主体分化成两个或多个适用低税率的纳税主体，降低税负；四是企业分立可以增加一道流通环节，有利于增值税抵扣及转让定价策略的运用。

（二）利用企业分立的税收政策筹划

企业分立是一种产权关系的调整，这种调整不可避免地会影响到税收。在我国企业分立实务中，税法规定了免税分立与应税分立两种模式，对于纳税人来说，在实施企业分立时，应尽量利用免税分立进行筹划，合理降低税负。

企业分立，通常情况下当事各方应按下列规定处理：

（1）被分立企业对分立出去资产应按公允价值确认资产转让所得或损失。

（2）分立企业应按公允价值确认接受资产的计税基础。

（3）被分立企业继续存在时，其股东取得的对价应视同被分立企业分配进行处理。

（4）被分立企业不再继续存在时，被分立企业及其股东都应按清算进行所得税处理。

（5）企业分立相关企业的亏损不得相互结转弥补。

企业分立，被分立企业所有股东按原持股比例取得分立企业的股权，分立企业和被分立企业均不改变原来的实质经营活动，且被分立企业股东在该企业分立发生时取得的股权支付金额不低于其交易支付总额的85%，可以选择按以下规定处理：

（1）分立企业接受被分立企业资产和负债的计税基础，以被分立企业的原有计税基础确定。

（2）被分立企业已分立出去资产相应的所得税事项由分立企业承继。

（3）被分立企业未超过法定弥补期限的亏损额可按分立资产占全部资产的比例进行分配，由分立企业继续弥补。

（4）被分立企业的股东取得分立企业的股权（以下简称“新股”），如需部分或全部放弃原持有的被分立企业的股权（以下简称“旧股”），“新股”的计税基础应以放弃“旧股”的计税基础确定。如不需放弃“旧股”，则其取得“新股”的计税基础可从以下两种方法中选择确定：直接将“新股”的计税基础确定为零；或者以被分立企业分立出去的净资产占被分立企业全部净资产的比例先调减原持有的“旧股”的计税基础，再将调减的计税基础平均分配到“新股”上。

【案例】奥维公司拟将一个非货币性资产价值945万元的分公司分离出去，分离方式可以是整体资产转让，可以是整体资产置换，也可以是分立，不论采取哪种分离方式，都涉及确认财产转让所得、计算缴纳所得税的问题。但只要把握好筹划空间，避免财产转让所得的实现，就可以避免缴纳所得税。

案例解析：如果采取整体资产转让方式，将分公司全部资产转让给永信股份公司（公开上市公司），根据税法，只要永信股份公司所支付的交换额中非股权支付额（如现金、有价证券等）不高于奥维公司所取得的永信股份公司股票面值的15%，就可以不确认财产转让所得。

假设永信股份公司股票的市场交易价每股3元（面值1元），支付给奥维公司股权的股票面值设为X、现金设为Y，则：

$$3X + Y = 945$$

$$Y = 15\% X$$

解得：$X = 300$，$Y = 45$，这表明奥维公司应争取获得永信股份公司300万元以上股票、45万元以下的现金，就可避免缴纳企业所得税。

分立筹划利用分拆手段，可以有效改变企业组织形式，降低企业整体税负。分立筹划通过企业分立，可以将兼营或混合销售中的低税率业务或免税业务独立出来，合理节税；或者利用分立使适用累进税率的纳税主体分化成两个或多个适用低税率的纳税主体。

二、分支机构设立的税收筹划

一些集团性企业，当发展到一定规模后，基于稳定供货渠道、开辟新的市场或方便客户的考虑，不可避免地需要在异地设立分支机构。新设立的分支机构性质决定着企业所得税的缴纳方式，进一步影响到企业的整体税负水平，因此相关的税收筹划也是非常必要的。

企业分支机构所得税的缴纳有两种方式：一种是分支机构独立申报纳税；另一种是分支机构集中到总公司汇总纳税。采用何种方式纳税关键取决于分支机构的性质——是否为独立纳税人。同时，受分支机构的盈亏状况、所处地区的税率高低及资金控制等因素影响，不同纳税方式会使企业当期及未来各期的整体税负水平产生显著差异。因此，分支机构是否为独立法人是实现税收筹划节税的关键。

第九章　生产活动中的税收筹划

第一节　存货计价与资产折旧的税收筹划

一、存货发出计价方法

纳税人采取的存货计价方式不同，对产品成本、企业利润和企业所得税都有较大影响。对于性质和用途相似的存货，应当采取相同的成本计算方法确定发出存货的成本。对于不能替代使用的存货，为特定项目专门购入的存货以及提供劳务的成本，通常采用个别计价法确定发出存货的成本。

这里的存货是指企业在生产经营过程中为销售或者耗用而储存的各种资产，如商品、产成品、半成品、在产品以及各类材料、燃料、包装物、低值易耗品等。存货是资产负债表中的重要项目，也是利润表中用来确定主营业务成本的一项重要内容。

存货成本 = 期初存货余额 + 本期购进存货 - 期末存货余额

由上述公式可知，期末存货的大小，恰好与销货成本高低呈反向变化。换言之，本期期末存货的多计，必然会降低本期销货成本，增大本期收益。此外，本期期末存货的多计，又会增加下期期初存货成本，从而使下期的销货成本提高，降低下一期的收益。因而能否正确确定存货的价值与能否正确地反映企业的经营成果和财务状况有着密切的关系。由于存货计价对企业的收益和应税所得额均有直接影响，会计制度规定的存货计价方法又有多种，不同的计价方法对企业利润和纳税多少的影响是不一样的，因而企业在选择存货计价方法时，可选择使其税负较轻的一种方法。

对企业来说，可选用的存货计价方法主要有先进先出法、个别计价法、月末一次加权平均法、移动加权平均法等。在价格平稳或者价格波动不大时，存货计价方法对成本的影响不显著；但当价格水平处于不断波动时，存货计价方法对成本的影响就较为显著。

由于不同的存货计价方法对企业纳税的影响是不同的，这既是财务管理的重要步骤，也是税收筹划的重要内容。一般采取何种方法为佳，应根据具体情况进行分析：

（1）当物价有上涨趋势时，采用月末一次加权平均法计算出的期末存货价值最低，销售成本最高，可将利润递延至次年，以延缓纳税时间；当物价呈下降趋势时，则采用先进先出法计算出的存货价值最低，同样可达到延缓纳税的目的。

（2）当企业处于企业所得税的免税期，企业获得的利润越多，其得到的免税额就越多，这样，企业就可以通过选择先进先出法计算期末存货价值，以减少当期成本、费用的摊入，扩大当期利润；相反，当企业处于征税期或高税率期，企业就可以选择月末一次加权平均法，将当期的摊入成本尽量扩大，以减少当期利润，降低应纳所得税额。

（3）存货计价方法作为企业内部核算的具体方法，可以通过利用市场价格水平变动来达到降低税负的目的。由于商品的市场价格总是处于变动状态之中，政府对商品市场价格的控制也总是有一定的限度，这就为企业利用价格变动使自己得到最大利益创造了条件。

二、固定资产折旧的税收筹划

折旧作为成本的重要组成部分，有着“税收挡板”的作用。按我国现行会计制度规定，企业常用的折旧方法有平均年限法、工作量法、年数总和法和双倍余额递减法，运用不同的折旧方法计算出的折旧额在量上是不相等的，因而分摊到各期生产成本中的固定资产成本也不同，这会影响企业的利润和所得税。

企业计提固定资产折旧时，一般只能选用平均年限法或工作量法。对于加速折旧法的采用，税法有非常严格的规定。《中华人民共和国企业所得税实施条例》第九十八条规定，企业可以采取缩短折旧年限或者采取加速折旧的方法的固定资产，包括：①由于技术进步，产品更新换代较快的固定资产；②常年处于强震动、高腐蚀状态的固定资产。

采取缩短折旧年限方法的，最低折旧年限不得低于税法规定折旧年限的60%；采取加速折旧方法的，可以采取双倍余额递减法或年数总和法。

一般情况下，在企业创办初期且享有减免税优惠待遇时，企业可以通过延长固定资产折旧年限，将计提的折旧递延到减免税期满后计入成本，从而获得节税利益。而对处于正常生产经营期且未享有税收优惠的企业来说，缩短固定资产折旧年限，往往可以加速固定资产成本的回收，使企业后期成本费用前移，前期利润后移，从而获得延期纳税的好处。

在物价持续上涨时期，企业如果采用加速折旧法，既可以缩短资产回收期，又可以加快折旧速度，有利于发挥“折旧税盾”效应，从而取得递延纳税的好处。

第二节　委托加工与自行加工的税收筹划

委托加工的应税消费品与自行加工的应税消费品的计税依据不同。委托加工时，受托方（个体工商户除外）代收代缴税款，计税依据为同类产品销售价格或组成计税价格；自行加工时，计税依据为产品销售价格。通常情况下，委托方收回委托加工的应税消费品后，要以高于成本的价格售出，以获取盈利。不论委托加工费大于或小于自行加工成本，只要收回的应税消费品的计税价格低于收回后的直接出售价格，委托加工应税消费品的税负就会低于自行加工的税负。

企业在计算应纳税所得额时，消费税允许税前扣除。因此，消费税税负会进一步影响企业所得税税负，进而影响企业的税后利润额。而作为价外税的增值税，则不允许税前扣除。

纳税人选择不同的加工方式，会产生不同的税负。因此，纳税人可以合理选择加工方式进行税收筹划。

【案例】A 卷烟厂（以下简称 A 厂）委托加工的消费品面临以下两种税收筹划方案的选择。

方案一：委托加工的消费品收回后，继续加工成另一种应税消费品。

A 厂委托 B 厂将一批价值 100 万元的烟叶加工成烟丝，协议约定加工费 75 万元；加工的烟丝运回 A 厂后继续加工成甲类卷烟，加工成本、分摊费用共计 95 万元，该批卷烟售出价格（不含税）为 900 万元，每箱 150 元出售数量为 0.4 万大箱。烟丝消费税税率为 30%，卷烟的消费税税率为 56% 加 0.003 元/支（增值税不计），企业所得税率 25%。

A 厂支付加工费的同时，向受托方支付其代收代缴消费税：

(100 + 75) / (1 - 30%) × 30% = 75（万元）

代收代缴城建税及教育费附加：75 ×（7% + 3%）= 7.5（万元）

A 厂销售卷烟后，应缴纳消费税：900 × 56% + 150 × 0.4 - 75 = 489（万元）

应缴纳城建税及教育费附加：480 ×（7% + 3%）= 48.9（万元）

A 厂税后利润：(900 - 100 - 75 - 75 - 95 - 489 - 48.9 - 7.5) ×（1 - 25%）= 12.83（万元）

方案二：委托加工的消费品收回后，委托方不再继续加工，而是直接对外销售。A 厂委托 B 厂将烟叶加工成甲类卷烟，烟叶成本不变，支付加工费 170 万元；A 厂收回后直接对外销售，售价仍为 900 万元。

A 厂支付受托方代收代扣消费税金：(100 + 170 + 0.4 × 150) / (1 - 56%) ×

56% +0.4×150 =480（万元）

支付代收代扣城建税及教育费附加 =480×（7% +3%）=48（万元）

A 厂销售时不用再缴纳消费税，税后利润的计算过程如下：

（900 -100 -170 -480 -48）×（1 -25%）=76.5（万元）

在被加工材料成本相同、最终售价相同的情况下，方案二显然比方案一对企业有利得多，税后利润多63.67（76.5 -12.83）万元。而在一般情况下，方案二支付的加工费比方案一支付的加工费（向委托方支付的加工费加自己发生的加工费之和）要少。对受托方来说，不论哪种情况，代收代缴的消费税都与其盈利无关，只有收取的加工费与其盈利有关。

第三节　技术改造及设备大修的税收筹划

一、技术改造与设备大修的税收政策

技术改造是指企业为了达到提高经济效益、提高产品质量、增加花色品种、促进产品升级换代、扩大出口、降低成本、节约能耗、加强资源综合利用和“三废”治理、劳保安全等目的，利用新技术、新工艺、新装备等对生产条件进行的改造。

技术改造存在时机选择问题，而非任意地选择。另外，除了要考虑技术改造时间的选择，还要考虑技术引进方式以及技术转让渠道的选择，以达到节约税款的目的。

修理是使设备恢复原来状况和功能的一项活动，包括更换零部件。大修理在税法上称之为固定资产改良支出，只有符合下列条件之一才属于固定资产改良支出：①修理金额占原固定资产设备价值的20%以上；②修理后固定资产的经济寿命延长两年以上；③修理后固定资产被用于新的或不同的用途。当企业的固定资产修理金额达到或者超过其原值20%时，可以采用将大修理分拆成多次小修理的方式来达到税收筹划的目的。

技术改造投资大、时间长，它能极大地提高生产效益，可谓“磨刀不误砍柴工”。对技术改造和大修理不能简单地比较孰优孰劣，企业在选择时需要根据实际情况进行分析比较，然后决定如何开展技术改造或大修理活动。

二、设备大修理的税收筹划

（一）大修理支出的税务处理

税法规定，企业大修理支出根据固定资产已计提折旧的情况分别归入固定资产

或长期待摊费用。

1. 大修理支出计入固定资产原值

当该项固定资产尚有折旧未提完时，大修理支出应计入固定资产原值。假设原固定资产价值为 H，大修理支出为 K，那么大修理支出 K 应在 20% H 以上，大修理增加固定资产原值为 20% H 以上。

假设 $K=20\% H$，按 10 年计提折旧，每年折旧额为 2% H。当修理费越高时，其利润越少。由于大修理只是恢复原有功能，生产效益不能提高，相反，还增加了折旧额，减少了利润。设原来的年利润为 M，经过大修理后，企业的年利润为 $M-2\% H$。

2. 大修理支出计入长期待摊费用

假设大修理支出仍为 K，按税法规定，固定资产大修理支出计入长期待摊费用，假设在 5 年时间内摊销，则每年摊销额为 4% 时，年利润为 $M-4\% H$。

（二）设备大修与技术改造的结合

企业可以将设备大修理和技术改造巧妙结合、统筹安排：①在时间安排上，可将大修理安排在技术改造前一年，使当年利润减少，第二年年初购入技改设备，使设备可提取较多的折旧额抵减利润。②对于一些设备的大修理，可以考虑分年度进行维修，变成设备小修理，所发生的修理费用可以实现当期税前扣除。

【案例】

委托加工与自行加工的方案比较

佳酿酒厂 8 月承接一笔粮食白酒订单，合同约定购销白酒数量 100 万公斤，不含增值税的价格为 840 万元，要求装瓶，每瓶一斤装。该酒厂为生产该批白酒购进粮食等原材料花费 210 万元。就如何组织该批白酒的生产，该酒厂制定了三套加工方案。

方案一：将价值 196 万元的原料交付乙公司加工成散装白酒 100 万公斤，支付加工费 56 万元，加工完成运回本厂后，由本厂装瓶，需支付人工费及其他费用 44.8 万元。

方案二：将价值 210 万元的原料交付兴盛酿酒厂，由兴盛酿酒厂直接加工成 100 万公斤的瓶装白酒，收回后直接销售，需支付加工费 100.8 万元。

方案三：酒厂自行加工生产。酒厂将 210 万元的原料交付生产车间进行生产，发生的加工费用及辅料成本与委托加工方式相同，为 100.8 万元。

思考：（1）分析比较三套方案下的消费税、城建税、教育费附加及税后利润（城建税税率 7%；教育费附加 3%；企业所得税税率 25%；暂不考虑增值税及由此计算的城建税、教育费附加）。

（2）帮助该酒厂选择最优方案。

案例分析：

方案一：委托加工收回后继续加工。

委托环节应纳消费税 = （210 + 56 + 100 × 2 × 0.5） ÷ （1 − 20%） × 20% + 100 × 2 × 0.5 = 191.5（万元）

本厂继续生产应纳消费税 = 840 × 20% + 100 × 2 × 0.5 = 268（万元）

城建税、教育费附加 = （191.5 + 268） × （7% + 3%） = 45.95（万元）

净利润 = （840 − 210 − 56 − 44.8 − 191.5 − 268 − 45.95） × （1 − 25%） = 17.8125（万元）

方案二：全部委托加工，酒厂收回后直接对外销售。

应纳消费税 = （210 + 100.8 + 100 × 2 × 0.5） ÷ （1 − 20%） × 20% + 100 × 2 × 0.5 = 202.7（万元）

城建税、教育费附加 = 202.7 × （7% + 3%） = 20.27（万元）

净利润 = （840 − 210 − 100.8 − 202.7 − 20.27） × （1 − 25%） = 229.6725（万元）

方案三：酒厂全部自行生产加工。

应纳消费税 = 840 × 20% + 100 × 2 × 0.5 = 268（万元）

城建税、教育费附加 = 268 × （7% + 3%） = 26.8（万元）

净利润 = （840 − 210 − 100.8 − 268 − 26.8） × （1 − 25%） = 175.80（万元）

由以上计算可知，方案二的净利润是最大的。

第十章　税收筹划案例分析

第一节　天马机械有限责任公司税收筹划方案

本方案属于制造业税收筹划典型案例。制造业以产品生产经营为核心，其经营过程表现出明显的周期性。产品成本、费用所占比重较高，一般较为注重生产过程管理，多实行半成品核算，纳税业务复杂，主要涉及增值税、企业所得税、个人所得税、车船税、印花税、房产税等多个税种。

制造企业税收筹划有三个关键点：一是重视经营流程的涉税分析，采购、生产、研发和销售是制造业的四大经营活动，因而税收筹划的关键是透过生产经营流程寻找不合理的涉税问题进行处理，并将四大经营活动有机地结合起来。二是选择适用的税收优惠政策，因为制造业涉及的税收优惠非常多，选择的余地较大。三是采用合并、分立等企业重组方式进行资源整合，合理控制企业重组中的税收负担。

一、天马机械有限责任公司的发展概况及未来规划

天马机械有限责任公司（以下简称天马机械）是2008年由一家国有企业改制成立的以生产、加工、销售机械产品为主的工业企业，产品畅销于广东、福建、浙江、四川、湖北、深圳等省市，年产销率平均保持在98%以上，产品质量过硬，在国内市场上具有一定的品牌知名度。

鉴于良好的市场发展前景，天马机械利用自身优势，不断扩张规模，实现创新性发展，2009年下半年至2010年上半年投资兴建天鹅机械有限责任公司（以下简称天鹅机械），天马机械、天鹅机械两个公司的整体实力大大增强，也产生了更大的经济效益和社会效益。

二、天马机械目前面临的财税疑难问题

1. 资产账面价值及折旧问题

天马机械在改制时评估资产价值总额为44647.90万元（减值3703.50万元），

负债总额为41283.60万元（基本为账面价值），净资产为33614.30万元，其中固定资产15660.40万元（房屋占33%，机器设备占64%，办公设备占3%）。2008年1月改制获得批准后，正式更名为天马机械有限责任公司，虽然固定资产自评估基准日（2008年1月1日）起仍按原来的月折旧额计提折旧，但无形中使得天马机械在以后年度中会少提折旧8460万元。截至2009年12月部分固定资产已停止计提折旧，估计还有20%的机器设备在一年内也将停止计提折旧，但这些机器设备目前天马机械还在正常使用。这种资产及其折旧状况对于天马机械未来的损益及税金影响很大。

2. 资源的分配、战略定位及组织结构安排问题

为了促进天马机械规模快速壮大，盘活存量资产并妥善安置好160多名下岗职工，2009年天马机械部分股东投资5000万元注册成立天鹅机械，两个公司的经营范围和管理团队都是相同的，天马机械斥资14640万元借给天鹅机械，天鹅机械自己贷款4000万元（包括以下岗职工名义贷款的2000万元），股东贷款6800万元，但利息由天马机械支付，目前管理层在资源安排及战略发展方面的困惑问题包括以下几个方面：

（1）如何处理天马机械与天鹅机械的关系，是合并还是分开经营？

（2）能否享受地方政府的优惠政策？如何享受？

（3）天马机械与天鹅机械之间的资金往来如何界定，以及其相关往来的资金成本如何处理？

3. 战略发展方向与建立新的销售模式问题

随着环境的变化和新的管理机制的建立，天马机械、天鹅机械需要建立快速、灵活、高效的市场营销机制。所以如何调整战略发展方向，如何建立畅通、高效的销售模式，就成为摆在高级管理层面前的重要问题。

三、税收筹划方案设计

（一）成立物流商贸公司——天翔物流商贸公司

由于天马机械和天鹅机械的快速发展和社会经济环境的变化，为了更好地适应市场和企业发展的要求，建议成立一家融物流与销售于一体的商贸公司，暂定为天翔物流商贸有限公司（简称天翔商贸），由天马机械或天鹅机械及其现有股东投资或引入新的投资者投资组建。

1. 天翔商贸的基本定位

（1）作为独立的销售公司，天翔商贸为天马机械、天鹅机械提供销售服务，即由天马机械、天鹅机械先将棉纱等产品销售给天翔商贸，然后再由天翔商贸统一对

外销售，天翔商贸可以运用转让定价策略，合理进行利润转移。

（2）天翔商贸作为独立的销售服务商，为天马机械、天鹅机械的产品提供后续市场服务，包括市场调研、客户开发、业务宣传、广告投放等多种形式的劳务或商业服务，甚至以劳务服务的形式承接天马机械、天鹅机械各种委托事项。

（3）天翔商贸作为物流公司，充分发挥物流配送的功能，对相关的采购业务进行整合，可采取以下运作模式：

其一，天翔商贸为天马机械、天鹅机械进行采购代理，只需签订采购代理合同，收取手续费，天翔商贸仅就所收取的代理费用缴纳增值税。若天翔商贸享受税收减免优惠，则其税负可以大大降低。

其二，天翔商贸独立采购所需的各种原材料，然后再以适当的转让价格销售给天马机械、天鹅机械。

2. 天翔商贸享受税收优惠

天翔商贸利用《财政部 国家税务总局关于全面推开营业税改征增值税试点的通知》（财税〔2016〕36 号），在公司安排军队转业干部或自谋职业的城镇退役士兵，享受税收优惠政策。

《财政部、国家税务总局关于全面推开营业税改征增值税试点的通知》（财税〔2016〕36 号）附件 3《营业税改征增值税试点过渡政策的规定》第一条第四十款规定，将军队转业干部就业税收优惠政策中的营业税改为增值税。自 2013 年 8 月 1 日或 2016 年 5 月 1 日起，上述个人或企业提供的应税服务，分别按照相关营改增过渡政策规定享受增值税优惠政策。在纳入营改增试点之日前已经按照有关政策规定享受了营业税税收优惠，在剩余税收优惠政策期限内，按照过渡政策的规定享受有关增值税优惠。为安置自主择业的军队转业干部就业而新开办的企业，凡安置自主择业的军队转业干部占企业总人数 60%（含）以上的，自领取税务登记证之日起，其提供的应税服务 3 年内免征增值税。

3. 天翔商贸的销售模式

天翔商贸可以变换商业模式，在天马机械、天鹅机械与市场之间架起一座桥梁，起到商业中介的作用。可以操作的销售模式如下。

模式一：代销。

天翔商贸为天马机械、天鹅机械代理销售产品，仅收取手续费。

模式二：买断销售。

天翔商贸买断天马机械、天鹅机械的产品，然后以天翔商贸名义对外销售。

模式三：组织销售活动。

天翔商贸组织天马机械、天鹅机械的产品销售洽谈会，或者充当中介，对外销售还以天马机械或天鹅机械名义交易。

4. 分支机构（或办事处）的运作模式及财税处理

分支机构（或办事处）的运作模式，主要涉及货物在企业内部异地之间机构转移的问题。不同的分支机构（或办事处）类型，其财税处理明显不同，甚至会产生很大差异。所以，天马机械、天鹅机械在分支机构设置及运作方面，应该注意不同模式的财税约束和税务空间。关于分支机构运作模式及其基本政策如下。

设有两个或两个以上机构并实行统一核算的纳税人，将货物从一个机构移送其他县（市）的其他机构用于销售，属于增值税视同销售行为。

《国家税务总局关于企业所属机构间移送货物征收增值税问题的通知》（国税发〔1998〕137 号）规定：《中华人民共和国增值税暂行条例实施细则》第四条视同销售货物行为的第（三）项所称的用于销售，是指受货机构发生以下情形之一的经营行为：①向购货方开具发票；②向购货方收取货款。受货机构的货物移送行为有上述两项情形之一的，应当向所在地税务机关缴纳增值税；未发生上述两项情形的，则应由总机构统一缴纳增值税。如果受货机构只就部分货物向购买方开具发票或收取货款，则应当区别不同情况计算并分别向总机构所在地或分支机构所在地缴纳税款。

国税函〔2002〕802 号文件规定：纳税人以总机构的名义在各地开立账户，通过资金结算网络在各地向购货方收取销货款，由总机构直接向购货方开具发票的行为，不具备国税发〔1998〕137 号文件规定的受货机构向购货方开具发票、向购货方收取货款两种情形之一，其取得的应税收入应当在总机构所在地缴纳增值税。

货物在同一企业内部异地不同机构之间转移，其税务处理有以下几种情况：

（1）如果在外地设立的销售公司属于子公司，总公司与子公司之间属于正常销售行为，而非视同销售。需提醒纳税人注意的是，《中华人民共和国税收征收管理法》第 36 条规定：企业或者外国企业在中国境内设立的从事生产、经营的机构、场所与其关联企业之间的业务往来，必须按照独立企业之间正常的业务往来收取或者支付价款、费用，否则，由此影响纳税收入或应纳税所得额的，税务机关有权合理调整。

（2）如果在外地设立的销售公司属于分公司性质，而且分公司实行独立核算，则此种情况也应比照上面情况处理。

（3）如果在外地设立的销售公司属于分公司性质，但分公司不实行独立核算，而是与总公司统一核算，则应区别情况处理：如果分公司具备国税发〔1998〕137 号文件明确规定的两个条件，则分公司应该在当地缴纳增值税，总公司向分公司移送产品时，应视同销售；反之，总公司不视同销售，应在产品实际对外销售时，由总公司确认收入，并计算缴纳增值税。

（二）固定资产的处理模式

天马机械由于企业改制等历史原因造成一部分固定资产提前停止折旧，从而造成折旧提取不足，截至2010年2月，固定资产及其折旧相关数据统计，如表10－1所示：

表10－1　天马机械固定资产及其折旧相关数据统计　单位：元

项目	资产原值	月折旧额	净值	两年内折旧	残值
已停止折旧资产情况	23066975	—	—	—	—
两年内停止折旧资产情况	47265693	404216.1	3370849	2413268	141795.8
两年后逐渐停止折旧资产情况	295770309.3	2035945.7	103206970.2	36421191	—

已停止折旧的资产原值为23066975元，在两年内停止折旧的资产原值为47265693元。这些资产的折旧情况大大影响企业的利润及所得税。对此进行综合考虑，我们提出以下衔接处理方案。

1. 已停止折旧部分资产

方案：维修后继续使用。

这些资产还在公司发挥作用，但其本身账面净值仅为残值价值或已为零，对于这些资产，为了增加资产的使用效率，更好地贯彻节约自愿的原则，建议对其进行维修，维修后继续使用，一则可以提高资产使用寿命，二则可以节约资产购置成本。对于维修费用，金额较少者，可考虑直接在当期损益中列支，对于金额较大的，可以在不短于5年的期限内摊销。

企业的固定资产修理支出可以在发生当期直接扣除，而固定资产改良支出必须资本化。对于尚未提足折旧的固定资产改良支出，可增加固定资产原值，并适当延长折旧年限，计提折旧；对已提足折旧的固定资产的改良支出，在不短于5年的期间内平均摊销。对于经营租赁租入的固定资产，因为资产的所有权归出租方，承租方发生并承担的固定资产改良支出只作为递延资产（长期待摊费用）处理。

在会计处理时，对于维修支出做日常修理还是做大修理处理，主要是根据财务人员的职业判断，而《中华人民共和国企业所得税法实施条例》第69条规定，固定资产的大修理支出，是指同时符合下列条件的支出：

（1）修理支出达到取得固定资产时的计税基础的50%以上；

（2）修理后的固定资产的使用年限延长两年以上。

2. 两年内提足折旧的固定资产

（1）方案一：处理给天鹅机械。

对于两年内提足折旧的固定资产，建议将这部分设备低价转让给天鹅机械，天鹅机械维修后由天马机械返租天鹅机械的这部分机器设备，租赁费付给天鹅机械可起到利润转移的效果，如果天鹅机械前期成本较大，可以采取此方案。

（2）方案二：和天翔商贸之间的交易。

新成立的天翔商贸，集物流商贸于一体，主要为天马机械及天鹅机械服务。若天翔商贸享受吸纳军队转业干部及自谋职业的城镇退役士兵的税收优惠政策，则采用天马机械与天翔商贸之间的交易形式更为有利。

操作方法一，天马机械将两年内停止折旧的机器设备以低价转让给天翔商贸，天翔商贸购入后进行维修，然后转让给天鹅机械，并以5～8年作为折旧年限，天鹅机械再将设备以经营租赁方式租赁给天马机械，每年按期按约收取租金。天翔商贸如果享受税收优惠，则可以合理实现天马机械对其的利润转移，并合理降低税负，如图10－1所示。

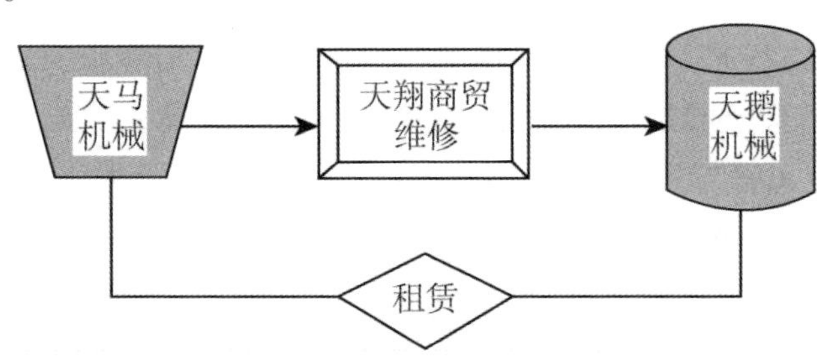

图10－1　资产转让租赁交易操作流程（一）

操作方法二，天马机械将两年内停止折旧的机器设备低价处理给个人，个人再将机器设备转让给天鹅机械，并以5～8年作为折旧年限，天鹅机械再将设备以经营租赁方式租赁给天马机械。如图10－2所示。

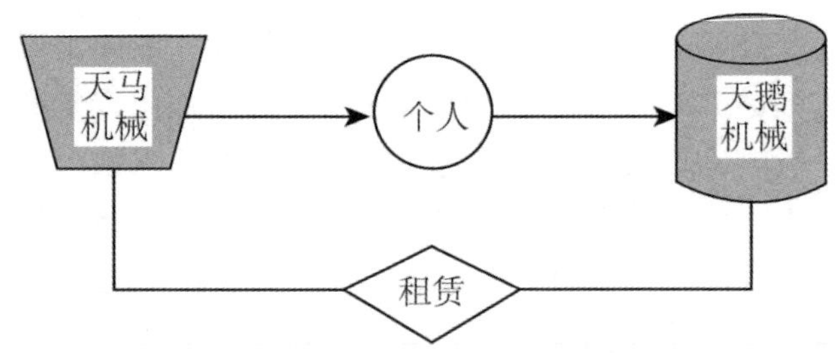

图10－2　资产转让租赁交易操作流程（二）

应该注意的是，天马机械具体的机器设备账面净值、转让给天翔商贸或个人的价款、折旧年限以及租金的大小应根据每一台机器设备的具体情况确定。

（三）天马机械与天鹅机械的关系定位及往来账务处理

1. 天马机械与天鹅机械关系模式思考

天马机械与天鹅机械是合并经营还是分立经营，取决于能否享受政府优惠政策和管理成本的大小，以及集团（虚拟集团）的财税操作优势。

当天鹅机械独立运作时，天马机械、天鹅机械及我们建议设立的天翔商贸，这三家公司就形成了虚拟化的集团运作，可以实现费用转移及转嫁支付。最终实现费用在天马机械、天鹅机械、天翔商贸三家公司之间合理转移。所以，集团运作有独立企业无可比拟的财税优势。

2. 往来账务问题的处理

天鹅机械使用天马机械15000万元资金所涉及的资金成本（特别是以股东个人名义借款的6800万元）长期在天马机械账面列支不符合会计制度规定。对于往来账务的处理思路如下。

（1）对于天马机械和股东为天鹅机械贷款的处理方法。股东缴纳股款时，冲抵天马机械2010年2月资产负债表“其他应收款”项目5000万元，减少往来账项及财税风险，随后再通过其他形式继续由天鹅机械借入该笔资金。

（2）天鹅机械再次贷款时逐步将天马机械和股东贷款置换出来。

（3）天马机械和天鹅机械无法解决的往来账务可以采用债务重组方式解决，税法中规定债务重组收益要计入“应纳税所得额”缴纳所得税，但另一方的债务重组损失可以作为当期损益税前列支。考虑到现实财税情况，我们建议一部分债务通过非货币资产形式抵债（偿还），这里可以综合考虑快要到期停止折旧的机器设备的操作问题。

（4）天马机械将所借款项（债权）转变为对天鹅机械的投资，这也不失为一个好的往来账务的解决办法，可以实现无代价的债务重组或资源安排。

3. 天鹅机械内部融资问题

对于天鹅机械，还可以采取内部融资方式获取资金，这一方面可以起到利息支出抵减企业所得税的作用，另一方面还可以拿这些资金购置固定资产、低值易耗品、存货等，通过摊销或提取折旧进一步加大税前扣除力度，合理降低税收负担。

（四）工资薪金及职工福利费问题

1. 工资薪金筹划模式

工资薪金是纳税调整的重要项目，也会影响企业税负。根据公司雇员的不同性质，建议公司对于工资薪金作如下处理。

（1）负责市场开发的销售人员。工资薪金采取“打包”模式，即对于销售人员给予一定的激励，按照年度或季度给予费用包干处理，涵盖基本工资、奖金、劳务费、差旅费、交际应酬费、市场开发费、销售佣金等开支项目，根据行业现状及公司历史水平定出一个标准（该标准须与销售额挂钩），但销售员平时应提供与销售活动有关的合法发票。

（2）外聘人员。外聘人员凡是领取报酬较多者，如个别技术人员、外聘专家人员等，按照劳务费分次发放模式操作。外聘人员领取报酬居于一般水平时，按照工资薪金模式操作，并给予一定的年终奖。

（3）管理层人员。交通费补助，按照车费、油费票据，按照一定的标准报销（公司拟订出合理的分级报销标准）。

（4）全体雇员。企业为全体雇员提取的失业保险、补充养老保险、补充医疗保险（但要按国务院或省级人民政府规定的比例或标准缴纳的，一般不超过工资薪金总额的4%），可以在税前扣除。若金额较大，公司可以在不低于三年的期间内分期均匀扣除。

提供给个人的佣金在交易金额5%以内的部分，可以由获取佣金当事人签字后计列支出。但企业发生的佣金符合下列条件的，可计入销售费用：

第一，有证明真实性的适当凭证；

第二，支付的对象必须是独立的、有权从事中介服务的纳税人或个人（支付对象不含本企业雇员）；

第三，支付给个人的佣金，不得超过服务金额的5%。

根据《财政部　税务总局关于个人所得税法修改后有关优惠政策衔接问题的通知》，居民个人取得全年一次性奖金，符合《国家税务总局关于调整个人取得全年一次性奖金等计算征收个人所得税方法问题的通知》（国税发〔2005〕9号）规定的，在2021年12月31日前，不并入当年综合所得，以全年一次性奖金收入除以12个月得到的数额，按照通知中所附按月换算后的综合所得税率表，确定适用税率和速算扣除数，单独计算纳税。

2. 职工福利费的处理

职工薪酬的范围包括职工福利费。《企业会计准则第9号——职工薪酬》规定，职工薪酬是指企业为获得职工提供的服务或解除劳动关系而给予各种形式的报酬或补偿。职工薪酬包括短期薪酬离职后福利、辞退福利和其他长期职工福利。其中，短期薪酬包含职工福利费。

职工福利费的确认和计量办法。企业发生的职工福利费，应当在实际发生时根据实际发生额计入当期损益或相关资本成本。职工福利费为非货币性福利的，应当按照公允价值计量。

（五）其他筹划事宜

除上述疑难问题的处理及运作模式外，根据天马机械、天鹅机械的现状和地理环境还可采取以下税务运作方式。

天鹅机械的成本核算程序及方法需要作出调整。成本的计算方法、核算程序、存货发出计价方法等都会对产品的成本产生影响，并最终影响企业损益及税金，这要引起管理层及财务部的重点关注。

天马机械、天鹅机械采取向职工借款的方式，购买固定资产如汽车、房产、设备等，在给职工固定的利息回报的同时，固定资产还可以计提折旧增加摊销费用以减少当期应纳税所得额。

天马机械、天鹅机械需要拓展投资，开展多元化经营，利用天马机械的优势地理环境经营旅游业。建议天马机械投资兴建宾馆、餐饮业以提供旅游服务。

由于天马机械、天鹅机械的业务、管理及人事方面的密切联系，可以考虑一些人员在两家公司兼职，对于兼职收入，作为劳务报酬所得计算缴纳个人所得税。从税负角度考虑，劳务报酬可以合理降低企业所得税负担。

［政策依据］

《国家税务总局关于企业工资薪金及职工福利费扣除问题的通知》（国税函〔2009〕3号）

《国家税务总局关于企业所得税若干税务事项衔接问题的通知》（国税函〔2009〕98号）

《财政部　国家税务总局关于企业关联方利息支出税前扣除标准有关税收政策问题的通知》（财税〔2008〕121号）

第二节　云锦服装公司税收筹划方案

服装生产企业属于特殊类型的制造企业，其财税特征如下：①服装企业供产销一条龙，且生产、经营活动相对分离，专卖店大行其道。因此，产销环节连接紧密，销售过程可以由多个流通环节组成，有较大的转让定价空间。②服装企业根据产品档次，其附加值呈现出两极分化的趋势，高档服装的附加值较高，而低档服装的附加值较低。③服装企业薪酬激励至关重要，代理商、批发商、零售商、专卖店等需要设计合理的薪酬分配、利润分配方案，以维系其复杂而微妙的经济关系。

服装企业的税收筹划主要体现在以下方面：①资金融通筹划。服装业属于劳动密集型产业，但随着品牌的发展、技术的引进和产品的多样化，也逐渐表现出对资金的依赖。如何融通资金、保证资金的供给，就成为关键性的财税问题。②薪酬激励及利润分配筹划，是服装企业增强活力的重要措施。③设立销售公司，利用合理的组织形式进行税收筹划。服装企业多注重设立销售公司，通过分销手段促销的同时利用转让定价策略转移利润。

云锦服装公司是位于经济技术开发区的一家从事专业设计、生产和销售云锦牌服装的股份制企业，云锦品牌国内驰名，在中国东部和南部分别拥有专业制造云锦牌服装的大型生产基地。云锦服装公司以适应中国市场的独特营销方式构建了超过1000个市场销售网络，在全国各大城市均设有销售网点（或专卖店），通过这些销售网点将服装直接销售给消费者或供应给批发商、零售商。

在云锦服装公司快速发展的同时，也逐渐暴露出企业经营管理中的一些问题。据统计，服装行业的税收占销售收入的比例为20%～25%，而云锦服装公司却达到了30%，存在着明显的税负偏高问题。为此，云锦服装公司在税务专家的帮助下，开展了卓有成效的税收筹划活动。

一、纳税主体筹划

（一）一般纳税人与小规模纳税人税负均衡点

1. 不含税销售额下的税负均衡点

假定一般纳税人销售商品的增值率为 R，销售货物不含税价款为 S，购进货物不含税价款为 P，一般纳税人的适用税率为 T_1，小规模纳税人的征收率为 T_2，则：

增值率 =（不含税销售收入 - 购进项目不含税价款）÷不含税销售收入

即 $R=(S-P)/S$

一般纳税人应纳增值税额：

销项税额 - 进项税额 $=S\times T_1-P\times T_1=(S-P)T_1=S\times R\times T_1$

小规模纳税人应纳增值税额 $=S\times T_2$

当两类纳税人应纳增值税额相等时：$S\times R\times T_1=S\times T_2$

$$R=T_2\times T_1$$

结论：①当实际增值率等于 R 时，两类纳税人税负相同；②当实际增值率小于 R 时，小规模纳税人税负重于一般纳税人；③当实际增值率大于 R 时，小规模纳税人税负轻于一般纳税人。

2. 含税销售额下的税负均衡点

假定纳税人销售商品的增值率为 R，销售货物含税价款为 S，购进货物含税价款为 P，一般纳税人的适用税率为 T_1，小规模纳税人的征收率为 T_2，则：

一般纳税人应纳增值税额 = 销项税额 - 进项税额

$$=\frac{S}{1+T_1}\times T_1-\frac{P}{1+T_1}\times T_1$$

$$=\frac{S-P}{1+T_1}\times T_1=\frac{R\times S}{1+T_1}\times T_1$$

小规模纳税人应纳增值税额 $=S/(1+T_2)\times T_2$

根据上述公式测算，两类纳税人的税负平衡点的增值率如表 10 - 2 所示。

表 10 - 2　　一般纳税人与小规模纳税人税负平衡点的增值率

一般纳税人税率	小规模纳税人征收率	不含税平衡点增值率	含税平衡点增值率
13%	3%	18.75%	33.20%
9%	3%	30%	47.77%
6%	3%	50%	106%

（二）云锦服装公司在纳税主体方面的筹划模式

云锦服装公司有许多销售网点直接面向市场，那么，选择什么样的纳税主体最有利呢？最初各市场销售网点有的是小规模纳税人，征收率为 3%；有的是一般纳税人，按照 13% 的税率计算缴纳增值税。

如果各销售网点作为小规模纳税人，其增值税征收率为 3%。根据上表可知，当服装毛利率等于 18.75% 时，一般纳税人与小规模纳税人税负相同；当毛利率大于 18.75% 时，一般纳税人税负大于小规模纳税人税负；当毛利率小于 18.75% 时，小规模纳税人税负小于一般纳税人税负。

云锦服装公司的产品毛利率较高，约为 48%，而销售网点的增值率为 21%。根据这一情况，按照节税的内在要求改造其组织结构和业务流程，云锦服装公司定位为服装生产商，原隶属于公司的内部销售部门分立出来单独成立一家服装销售总公司——云锦销售总公司，再把销售网点全部改造为小规模纳税人。改造前后流程图对比如图 10 - 3 和图 10 - 4 所示。

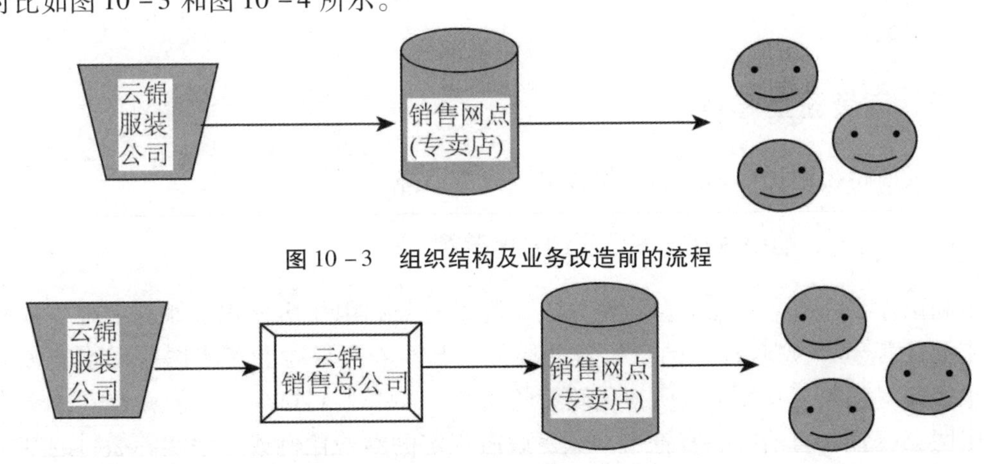

图 10 - 3　组织结构及业务改造前的流程

图 10 - 4　组织结构及业务改造后的流程

组织结构及业务流程改造后，销售网点全部改造为小规模纳税人，并把其销售利润率（增值率）提高到 45%，相应降低云锦服装公司的增值率至 10%，控制云锦销售总公司的增值率在14%以内。即整体税收筹划效果是云锦服装公司以较低的价格将服装销售给云锦销售总公司，然后由云锦销售总公司将这些产品销售给销售网点，实现高额附加值由云锦服装公司和云锦销售总公司转移到终端的各销售网点。这样，利用一般纳税人与小规模纳税人的税负均衡点节税规律，在税法许可的范围内，合理地降低了产品流通中的增值税负担。

同时，在商业实践中，对毛利率不同的服装产品组合起来成套销售，可以使成套服装产品的整体毛利率水平趋于均衡，合理降低整体税收负担。

二、税前扣除项目筹划

云锦服装公司的广告费、市场营销费投入较多，在涉税处理时较多的费用很难实现税前扣除。《企业所得税法》及实施条例规定：企业每一纳税年度的广告费和业务宣传费支出不超过销售（营业）收入15%的部分，可据实扣除，超过部分可无限期向以后纳税年度结转。因此，云锦服装公司的广告费和业务宣传费需控制在销售（营业）收入15%的限额内；如果广告费和业务宣传费还需要投入，最好由云锦销售总公司和销售网点合理分配负担。这种转换费用主体的筹划模式称为“费用移位法”。

上述云锦服装公司纳税主体的税收筹划中，将原隶属于公司的内部销售部门分立为独立的云锦销售总公司。云锦服装公司将服装产品销售给云锦销售总公司，再由云锦销售总公司对外批发、零售，这样就通过转让定价增加了一道营业收入，而整个业务流程中的利润和增值税负担并未发生改变。但云锦销售总公司成立后，由于增加了一道销售收入，所以广告费、业务宣传费以及业务招待费都无形中增加了税前扣除额。

三、工资薪金筹划

个人所得税纳税筹划总的思想就是“先分后降”。

（一）分流，缩小税基，减少应纳税所得额

利用住房公积金、社会保险费分流。可以充分利用住房公积金缴存上限，从而分流员工薪金。《财政部　国家税务总局关于基本养老保险费基本医疗保险费失业保险费住房公积金有关个人所得税政策的通知》（财税〔2006〕10号）规定，个人按照国家或省（自治区、直辖市）人民政府规定的缴费比例或办法实际缴付的基本养老保险费、基本医疗保险费和失业保险费，允许在个人应纳税所得额中扣除。个人在不超过职工本人上一年度月平均工资12%的幅度内，其实际缴存的住房公积金允许在个人应纳税所得额中扣除。个人实际领取原提存的基本养老保险金、基本医

疗保险金、亚保险金和住房公积金时，免征个人所得税。

（二）降税率

1. 均衡每月收入

在按月计算缴纳个税的情况下，工资薪金所得很可能在不同的纳税期限出现较大的波动，即出现有的月份收入过高，有的月份收入偏低等现象。如按上述实际收入状况直接缴税，将意味着个人既要在高收入的月份被课以较高税率的个税同时，在较低的收入月份里又不能享受税法为个人所提供的种种优惠政策，如法定的费用扣除、较低的税率征收等。因此，可以通过推迟或提前获得收入，使自己的收入尽可能在各个纳税期限内保持均衡。这样，不仅避免了在某个月份被课以较高税率的重税，还能分享每个月税法提供的费用扣除和费用减免等优惠。

2. 利用报销通信费分流

企业管理人员发生的通信费，取得合法发票实报实销的，属于企业正常经营费用，不需缴纳个人所得税。

3. 通过福利费分流

（1）由企业为职工提供廉租的住房，而不是支付含有购房费用或房租补贴的高工资。

（2）企业向职工提供福利设施及服务，在职工收入没有增加的情况下使生活和消费水准得以较大幅度提高，从而减少缴纳个税的义务。

（3）增加外地员工报销探亲路费的次数等。

4. 其他免税项目

如独生子女费、托儿补助费、差旅费津贴、误餐补助、安家费、抚恤金、救济金等。

工资、薪金所得，指的是个人在机关、企事业单位及其他组织中任职或者被雇用而取得的各项报酬，是个人从事非独立性劳务活动的收入；劳务报酬是指个人独立地从事各种技艺、提供各项劳务所取得的报酬。工资、薪金所得和劳务报酬所得有着明确的界定。两者的区别在于前者提供所得的单位与个人之间存在着稳定的雇用与被雇用的关系，即签订了合法的劳动合同；而后者不存在这种关系，但后者同样需要签订劳务合同。

由于云锦销售总公司雇用许多销售营业员及市场调查人员，在为这些人员发放的报酬较少时，工资、薪金所得适用的税率比劳务报酬所得适用的税率低，因此在可能的情况下将劳务报酬所得转化为工资、薪金所得，即签订合法的劳动合同，并尽量均衡各纳税期间的工资薪金，可以合理降低个人所得税负担。

比如，云锦销售总公司雇用市场调查经理，双方商定每月的报酬为30000元。

在签订合同时，面临两种选择：存在雇佣关系的劳动合同和不存在雇佣关系的合同。

方案一：签订存在雇佣关系的劳动合同。

如果签订存在雇佣关系的劳动合同，则该市场调查经理每月30000元收入，按工资、薪金所得项目征税。

应纳税额 = （30000 - 5000） ×30% - 2000 = 5500（元）

方案二：签订不存在雇佣关系的合同。

如果该市场调查经理与医院不存在雇佣关系，只是一名兼职的工作人员，则其30000元收入应该按照劳务报酬所得纳税。

应纳税额 = 30000 × （1 - 20%） ×30% - 2000 = 5200（元）

方案二比方案一少纳税300（5500 - 5200）元。

四、品牌经营筹划

由于云锦服装公司的品牌国人皆知，具有一定的品牌价值。因此，云锦服装公司在全国广泛开设专卖店或授权经营。由于品牌这类无形资产具有非实体性、效益不确定性的特点，因此其价值也具有不固定性。云锦服装公司利用品牌的内在价值和计价特征，通过转让定价手段进行品牌经营筹划节税。具体税收筹划方法主要有以下两种。

（一）投资入股筹划

云锦服装公司通过无形资产（特许经营权）入股方式享有联营方的股权，然后通过购销交易或投资分配关系间接体现特许经营权收益，这样可以免除转让无形资产环节的增值税及企业所得税。

（二）收取特许权使用费

云锦服装公司向下属独立的销售网点或销售代理公司收取一定额度的特许权使用费，尤其是下属销售网点或销售代理公司毛利率较高时，收取特许权使用费可以适当降低其利润水平。当然，云锦服装公司及云锦销售总公司对下属销售网点提供担保、物流等方面的服务，也可以适当收取一定的费用。

五、资金融通筹划

（一）押金融资策略

由于云锦服装公司销售增长较快，处于规模扩张时期，需要大量的资金支持。云锦服装公司制订统一的销售政策，采用销售押金方式，即对服装代理商或批发商的批发价在出厂价的基础上附加15% ~20%的押金，计入负债，不作为收入核算。

等批发商下次进货时滚动返还，这样就能够合理占用批发商的资金。

（二）借贷融资策略

云锦服装公司还要积极向银行或其关联方借贷，提高利息费用，从而达到合法降低企业所得税的目的。《财政部、国家税务总局关于企业关联方利息支出税前扣除标准有关税收政策问题的通知》（财税〔2008〕121号）对关联方借贷作出如下规定，在计算应纳税所得额时，企业实际支付给关联方的利息支出，不超过以下规定比例和税法及其实施条例有关规定计算的部分，准予扣除，超过的部分不得在发生当期和以后年度扣除。企业实际支付给关联方的利息支出，其接受关联方债权性投资与其权益性投资比例：①金融企业，为5∶1；②其他企业，为2∶1。

企业自关联方取得的不符合规定的利息收入应按照有关规定缴纳企业所得税。

六、利用分支机构筹划

云锦服装公司不断向外发展，在异地设立一些分支销售机构。云锦服装公司针对不同情况，分别采取了不同的税收筹划策略。

（一）在外地设立销售子公司

云锦服装公司在外地设立的分支销售机构，凡属于子公司的，它们之间的业务往来都属于正常的购销行为，不仅要单独结算价款，而且其关联价格也要定价合理，否则税务机关有权予以调整。

站在税收筹划的角度，对于异地的销售子公司，云锦服装公司尽量采取了赊销、分期收款销售或委托代销方式，以达到递延纳税的目的。对于销售方式的选用，务必签订完善的购销合同，清晰界定销售方式。因为在不同销售方式下，增值税的纳税义务及时间不同，具体政策如下：

（1）采取直接收款方式销售的，不论货物是否发出，均为在收到销售额或者取得索取销售额凭据的当天。

（2）采取托收承付和委托银行收款方式销售货物，为发出货物并办妥托收手续的当天。

（3）采取赊销和分期收款方式销售货物，为书面合同约定的收款日期的当天，无书面合同的，为货物发出的当天。

（4）采取预收货款方式销售货物，为货物发出的当天，但生产销售生产工期超过12个月的大型机械设备、船舶、飞机等货物，为收到预收款或者书面合同约定的收款日期的当天。

（5）委托其他纳税人代销货物，为收到代销单位的代销清单或者收到全部或者部分货款的当天。未收到代销清单及货款的，为发出代销货物满 180 天的当天。

对于企业所得税来说，其纳税义务时间与增值税有所区别。依据企业所得税相关政策，不同销售方式下收入确认时间是不同的，具体政策如下：

（1）销售商品采用托收承付方式的，在办妥托收手续时确认收入。

（2）销售商品采取预收款方式的，在发出商品时确认收入。

（3）销售商品需要安装和检验的，在购买方接受商品以及安装和检验完毕时确认收入。如果安装程序比较简单，可在发出商品时确认收入。

（4）销售商品采用支付手续费方式委托代销的，在收到代销清单时确认收入。

（5）采用售后回购方式销售商品的，销售的商品按售价确认收入，回购的商品作为购进商品处理。有证据表明不符合销售收入确认条件的，如以销售商品方式进行融资，收到的款项应确认为负债，回购价格大于原售价的，差额应在回购期间确认为利息费用。

（6）销售商品以旧换新的，销售商品应当按照销售商品收入确认条件确认收入，回收的商品作为购进商品处理。

（7）企业为促进商品销售而在商品价格上给予的价格扣除属于商业折扣，商品销售涉及商业折扣的，应当按照扣除商业折扣后的金额确定销售商品的收入金额。

债权人为鼓励债务人在规定的期限内付款而向债务人提供的债务扣除属于现金折扣，销售商品涉及现金折扣的，应当按扣除现金折扣前的金额确定销售商品收入金额，现金折扣在实际发生时作为财务费用扣除。

企业因售出商品的质量不合格等原因而在售价上给予的减让属于销售折让；企业因售出商品质量、品种不符合要求等原因而发生的退货属于销售退回。企业已经确认销售收入的售出商品发生销售折让和销售退回，应当在发生当期冲减当期销售商品收入。

（二）在外地设立销售分公司

云锦服装公司在外地设立的分支销售机构，属于分公司性质的，若该销售分公司实行独立核算，则这种情况下增值税等流转税操作应比照子公司情况处理，即按照正常购销业务处理。若销售分公司不实行独立核算，则应区别以下原则处理：

（1）如果分公司对外销售时，负责向购货方开具发票或向购货方收取货款，则在货物移送时向所在地税务机关缴纳增值税；否则，则应由总机构统一缴纳增值税（详见国税发〔1998〕137 号文件）。

（2）纳税人以总机构的名义在各地开立账户，通过资金结算网络在各地向购货方收取销货款，由总机构直接向购货方开具发票的行为，其取得的应税收入应当在总机构所在地缴纳增值税（详见国税函〔2002〕802 号文件）。

对于销售分公司的企业所得税，必须按照《企业所得税法》及实施条例的精神，统一汇总纳税。《企业所得税法》第五十条规定："居民企业在中国境内设立不具有法人资格的营业机构的，应当汇总计算并缴纳企业所得税。"

在每个纳税期间，总机构、分支机构应分月或分季分别向所在地主管税务机关申报预缴企业所得税。等年度终了后，总机构负责进行企业所得税的年度汇算清缴，统一计算企业的年度应纳所得税额，抵减总机构、分支机构当年已就地分期预缴的企业所得税款后，多退少补税款。这样，就为分支机构合理节税提供了政策依据和保障。一般来说，当企业设立分支机构时，由于设立初期分支机构面临高昂的成本支出，所以出现亏损的概率较高，通常采用分公司的形式较为合适，这样可以享受盈亏互抵的好处。经过一段时间的经营，分公司开始转亏为盈时，再把分公司变更注册为子公司，这样可以降低分支机构对总机构的法律影响。

因此，云锦服装公司从增值税筹划角度考虑，应尽量避免在总公司、分公司之间货物转移时被认定为视同销售缴纳增值税；从企业所得税筹划角度考虑，应尽量实现企业所得税的汇总缴纳。

[政策依据]

《国家税务总局关于企业所属机构间移送货物征收增值税问题的通知》（国税发〔1998〕137号）

《国家税务总局关于纳税人以资金结算网络方式收取货款增值税纳税地点问题的通知》（国税函〔2002〕802号）

《财政部　国家税务总局关于企业关联方利息支出税前扣除标准有关税收政策问题的通知》（财税〔2008〕121号）

第三节　惠民连锁股份公司税收筹划方案

惠民连锁股份公司（以下简称惠民公司）属于商品流通企业，其商品采购、库存管理、商品销售活动贯穿于整个营业周期；商品流通业资金流通频繁、周期短，在商品价值实现过程中担当重任。主要缴纳流转税和所得税，流转税筹划是其税收筹划的关键点，因此采取多种方法降低税基或减少流通环节，是该类企业降低税负的主要手段。

从流程角度分析，商品流通企业必须重视从商品采购和商品销售两个环节开展税收筹划；采购环节的筹划重点：进货渠道的选择、退货问题以及进货价格；销售环节的筹划重点：销售形式的转化与选择，销售返利的筹划，运费、佣金等价外费用的筹划，兼营和混合销售行为的处理等。最近几年，物流业兴起，物流配送呈现出快速发展乃至繁盛的局面。故而，商品流通企业尤其是超市连锁企业也应该设立物流公司，开展物流配送活动的税收筹划。

一、货物配送模式的筹划

（一）货物配送视同代销处理

惠民公司存在大量的货物配送以及货物移送。货物配送，一般指集团连锁企业对下属的法人公司配送货物，在税务上按销售处理，计算销项税额。对于货物移送，一般是对同一法人内部的跨区县的分店配送货物，在目前增值税分地域管理的体制下，也需要在税务上“视同销售”处理，计算销项税额。

对于现行惠民公司的移库及转让价格问题，在《惠民连锁股份纳税风险检测分析报告》中已经给出处理建议，其基本思想是把惠民股份对各分店的移库，以委托代销形式予以合理解决，即把货物配送全部确认为代销方式处理，而非把移送货物视同销售，这是合理的，能够得到税法的支持，但惠民股份公司总部要进一步完善其销售政策、销售合同和相关手续。

（二）改进配送价格模式

对于配送价格问题，即惠民公司移送给各分店的商品按照其进价确认收入。这一处理不合理，违背了转让定价原则，很难找到配送价格如此确定的合理解释。对比提出以下处理方法。

原补救方案：完善合同，进行合理性解释或说明。

为了说明配送价格问题，惠民股份与其子公司、分公司各签订了一份合同——代销商品合同。合同中约定：具体结算价格按照供应商实际供货价格，若供应商有折扣或返利的，则也按供应商折扣后的价格结算。

在合同中，一定要约定委托代销的一揽子协议条款，包括其子公司、分公司帮助惠民服务客户、开展促销活动等。并强调惠民采取统一采购模式，一定区域范围内执行统一物流配送。

但是，上述方案仅为补救方案，我们认为，合理解决配送价格需要采取平价配送模式，具体方案如下。

配送价格方案：惠民公司采取统一采购、统一配送模式。具体根据费用分摊和收入分配的处理不同，分为三种具体操作模式。

其一，平价配送、配送费分摊、采购返利分配。

货物配送按商品进价不加任何毛利配送结算，发生的配送费用由各子公司、分店、连锁店分摊。集中采购所获得的供应商的返利，以及可能向其他各类供应商收取的进场费、广告促销费等，全部或部分予以均衡分配。

其二，平价配送、不分摊配送费、采购返利部分分配。

货物配送按商品进价不加任何毛利配送结算，而发生的配送费用不再由各子公司、分店、连锁店分摊，而是全部由采购中心承担，同时收取的供应商的返利也只是分配一部分给子公司、分店、连锁店。

在这种平价配送模式下，采购中心所在的惠民公司总部所支付的配送费用都已经得到完全弥补，这是符合企业之间独立交易规则的。采购中心并不存在因为“统一采购”而转移利润。其实，这一配送模式对于采购中心来说，通过获取“返利”、进场费收入而截留或多或少的利润，能够实现一定程度的“灵活操纵”。如果存在不同地域所得税率差（如采购中心所在地所得税率低于外部总公司、分店、连锁店所在地的所得税率），则还能够获得更多的税收利益。

其三，加价配送、不分摊配送费、采购返利不分配。

采用这种配送价格模式，可以实现利润转移至采购中心所在企业，这既符合税务所谓的转移定价原则，又能更多地转移利润，可以考虑采用，但也要完善销售政策和相关合同。

（三）会计入账与税务处理的时间

为防止采购中心开出的配送增值税发票，下属法人企业或分店当月无法申报抵扣而推迟至下月，造成连锁集团产生垫税现象，可以采用以下方法处理：

将配送业务的会计处理期间调整为上月 21 日至本月 20 日发生的配送业务，在 30 日前完成会计与税务处理。确保双方在本月内同时完成会计处理和实现税务抵扣。

二、特殊促销方式的筹划

（一）买一赠一（捆绑销售）

买一赠一属于一种特殊的促销方式，一般赠品不计销项税。税法认可商家的买一赠一不属于赠送行为，不对其视同捐赠征税。财政部、国家税务总局于 2008 年 10 月 30 日颁布的《国家税务总局关于确认企业所得税收入若干问题的通知》（国税函〔2008〕875 号）第三款规定，企业以买一赠一等方式组合销售本企业商品的，不属于捐赠，应将总的销售金额按各项商品的公允价值的比例来分摊确认各项的销售收入。

买一赠一这种促销方式包括买 A 送 A，买 A 送 B 两类。在会计处理时，“赠送”的 B 应当按照 A、B 商品的公允价值的比例来分摊 A、B 商品的销售收入。

（二）满 M 元送折扣券 N

这种促销方式下，先按 M 开具发票，顾客再次购物 K，可用折扣券代替现金使用。开票时，则按实际收银额（$K-N$）开票，并确认“销售折扣与折让”。

（三）满 M 元送礼品

这种促销方式下，折扣是以实物形式兑现。合理的税收筹划处理如下：赠品赋予商品编码，售价设定为零。对购物满 M 元的顾客给予一件赠品并过 POS。则月末系统会自动将赠品的成本结转入相应的“主营业务成本”。提醒注意的是，应通过电脑系统赠送，避免出现“无偿赠送”的书面证据。

（四）积分返利

对顾客发放记名或不记名的会员卡或积分卡，每消费 n 元积 1 分，每积累 m 分可换取 3 元商品。这种促销是一种长期的手段，也属于折扣销售。连锁零售企业不能在会员制章程中表述为积分给予返利或赠品，而应该按照以下两种模式操作以规避税务风险：

其一，积分给予购物打折；

其二，积分给予购物折扣，并凭积分领取折扣券，以折扣券冲抵现金。月末按折扣总额确认为“销售折扣与折让”。

惠民应该采取多种促销手段扩大销售，上述多种促销方式必须配合使用，在不同节假日及销售季节采取灵活多变的促销模式。

（五）以旧换新

为避免增值税税负的增加，以旧换新最好采用“先退货后销售”模式处理。

如果以旧换新商品属于代销商品，零售企业仅仅是代理人角色，把供应商作为活动主体，可以避免增值税负担。

（六）礼品赠送

企业在促销活动中，一般会涉及礼品赠送问题。企业发生的馈赠礼品事项，按照税法规定应缴纳税款，履行个人所得税的代扣代缴义务。

对于企业发生的礼品赠送行为，哪些情况下可以不缴纳个人所得税？对此我们分析礼品赠送行为的税收筹划方法。

1. 实行折扣销售

企业在销售商品（产品）和提供服务过程中，通过价格折扣、折让方式向个人销售商品（产品）和提供服务，不征收个人所得税：把赠品或对外捐赠之物作为价格折扣或折让向购买方提供。这种情况不构成商业捐赠，属于促销政策的范畴。

2. 赠送服务项目

企业在向个人销售商品（产品）的同时赠送服务项目，属于捆绑销售模式，一般不缴纳个人所得税。例如，房地产公司在销售房产时向客户赠送物业服务（即免收若干年物业费），就属于这种情况。

3. 累计消费送礼品

企业对累计消费达到一定额度的个人按消费积分反馈礼品。例如，超市连锁企业对外销售办理消费积分卡，按照消费金额累计积分，并按积分赠送礼品，这种情况不需缴纳个人所得税。

4. 作为宣传费用的礼品赠送

企业所赠送的礼品在采购时作为宣传费用处理，此种情形不需要缴纳个人所得税。但所购礼品必须符合宣传费的标准，且金额不宜过大。

三、自用商品的筹划

一般情况下，惠民股份公司绝大部分商品都对外销售，只在个别情况下会出现自用行为。自用主要有以下三类。

（一）办公和营业自用商品

筹划处理：无须计提销项税，也无须转出进项税。纳税人办公和卖场营业使用的办公用品、工具器皿、物料用品等，作为商品调拨处理，直接调减卖场系统库存。具体会计处理：将库存商品按不含税成本贷方转入“管理费用”“销售费用”等科目借方。

若办公领用价值高昂的电器设备（如空调、投影）等属于固定资产的库存商品，则应按购进成本作进项税转出，切忌按售价视同销售计提销项税。具体会计处理：

借：管理费用（销售费用）

　贷：应交税费——应交增值税（进项税转出）

（二）服务经营项目使用的外购商品

筹划处理：按购进价作进项税转出，切忌图简便将所有的“自用领购”按零售价处理，其结果是造成多缴纳进销差价部分的增值税。

（三）福利、工程领用的外购商品

筹划处理：按商品调拨处理，同时按成本价计算进项税转出。

四、非卖场商品进项税抵扣的筹划

增值税进项税抵扣主要是卖场商品的进项税抵扣，但非卖场商品进项税的抵扣也非常重要，其中最大的项目是水电费。

（一）能暗抵扣进项税的费用支出

（1）水费、电费、燃气费、暖气费、外购燃油（外购动力、能源）。

（2）工服、购物袋等物料费、工具器具费（外购低值易耗品和物料用品）。

（3）购物车、购物篮等工具、器具和修理配件（包括采购低耗品、维护保养设备所耗用的零配件）。

（4）委托加工费和维修费（包括设备等固定资产的维修、软件系统的维护）。

（5）货运费用（包括商品采购运费和配送运费）。

（二）一定不能抵扣的外购商品或支出

（1）房产和设备采购（包括购置和开发信息系统）、装修工程支出。

（2）除加工修理和货运外的其他服务采购（如设计咨询费、广告宣传费、招待费、差旅费等）支出。

用于非增值税项目之外购物（如兼营快餐、咖啡所耗之食品原料采购）支出。

（三）货架、售货柜台

货架、售货柜台等作为零售企业的“主要经营设备”，使用年限超过 1 年，多数情况下按固定资产核算，在现行生产型增值税制度下，就不能抵扣。

如果货架、售货柜台等满足以下条件，可考虑进项税抵扣：①货架、售货柜台等发票所列示的“单价”不超过 2000 元；②在会计上没有通过固定资产科目核算。

但不管何种情形，零散购入的配件一律准予抵扣进项税。

（四）办公耗用外购货物应当抵扣税

企业办公所耗用的办公用品（包括总机构和分店管理业务消耗的办公用品）、电力、热力等，取得的增值税发票进项应予抵扣。

（五）计算机硬件的检查维修、软件系统的维护与故障排除

这些也属于增值税的课税范围，应取得增值税发票申报抵扣。设备的维修与保养也与此类似，但房产及其附属中央空调系统的维修支出不能抵扣进项税。

（六）其他相关筹划

水费、电费开支必须解决增值税发票问题。

物料用品、办公及营业用低值易耗品的消耗也应作为控制重点，应有效控制其进项税，降低增值税负率。

其他中间品的消耗，如车辆用燃油、各种软硬件设备的维修费用等，也应进行控制，取得进项税抵扣票据。

五、进项税转出的筹划

进项税转出是零售连锁企业的一项重要的增值税支出。惠民股份也应对进项税转出进行仔细检查，避免错误的或不必要的转出徒增税负。

（一）存货盘亏的进项税转出

分析存货盘亏的原因，不能凡出现存货盘亏一律转出进项税。如果，由于员工操作不当等造成存货盘亏，要进行检查，很可能是由于仓库管理盘点不准、会计数据差错等原因造成，这属于“虚亏”，应查明原因后进行纠正，而不是做进项税转出。

（二）正常损失不必做进项税转出

商品正常缩耗、保质期过期处理、易碎品坏损等，属于正常损耗，不必做进项税转出。

（三）非正常损失

管理不善造成商品盗窃丢失、大批变质报废、自然与人为灾害等，均属于非正常损失，须做进项税转出。

根据 2017 年 11 月 19 日《国务院关于废止〈中华人民共和国营业税暂行条例〉和修改〈中华人民共和国增值税暂行条例〉的决定》第二次修订中第十条规定，下列项目的进项税额不得从销项税额中抵扣：非正常损失的购进货物，以及相关的劳务和交通运输服务；非正常损失的在产品、产成品所耗用的购进货物（不包括固定资产）、劳务和交通运输服务。

（四）销售返利的进项税转出

销售返利的本质是一种价格折让。《国家税务总局关于平销行为征收增值税问题的通知》（国税发〔1997〕167 号）规定：自 1997 年 1 月 1 日起，凡增值税一般纳税人，无论是否有平销行为，因购买货物而从销售方取得的各种形式的返还资金，均应依所购货物的增值税税率计算应冲减的进项税金，并从其取得返还资金当期的进项税金中予以冲减。应冲减的进项税金计算公式如下：

当期应冲减进项税金＝当期取得的返还资金×所购货物适用的增值税税率

《国家税务总局关于沃尔玛商业咨询（深圳）有限公司向供应商收取费用征税问题的批复》（国税函〔2000〕550号）规定，沃尔玛商业咨询（深圳）有限公司应一些生产厂家或供应商要求在商场内为其提供场地、服装和灯箱等进行商品的展示、广告宣传等各种促销活动以及制作条码等服务，并收取相应的场地和服务费用（促销费、展示费和条码费）。

《国家税务总局关于商业企业向货物供应方收取的部分费用征收流转税问题的通知》（国税发〔2004〕136号）规定，商业企业向供货方收取的部分收入，按照以下原则征收增值税或营业税：①对商业企业向供货方收取的与商品销售量、销售额无必然联系，且商业企业向供货方提供一定劳务的收入，例如进场费、广告促销费、上架费、展示费、管理费等，不属于平销返利，不冲减当期增值税进项税金，应按营业税的适用税目税率征收营业税。②对商业企业向供货方收取的与商品销售量、销售额挂钩（如以一定比例、金额、数量计算）的各种返还收入，均应按照平销返利行为的有关规定冲减当期增值税进项税金，不征收营业税。

当期应冲减进项税金＝当期取得的返还资金/（1＋所购货物适用增值税税率）×所购货物适用增值税税率

综合上述关于销售返利的税收政策，我们认为，对于惠民股份公司返利问题的处理，要注意以下操作要点。规范采购合同和会计核算，采购合同的收费条款应按如下原则调整：①折扣类收入（如折扣、折让）应与服务性收费（如进场费、物流配送）严格分开；②服务性收费的内容要明确，并尽可能采用定额收费办法。

六、《企业所得税法》下的税收筹划

（一）利用过渡性低税率政策筹划企业所得税

惠民公司属于经济技术开发区企业，2007年以前执行的企业所得税税率为15%，自2008年起开始执行18%的税率。《关于实施小微企业普惠性税收减免政策的通知》（财税〔2019〕13号）规定，为贯彻落实党中央、国务院决策部署，进一步支持小微企业发展，现就实施小微企业普惠性税收减免政策有关事项通知如下：

（1）对月销售额10万元以下（含本数）的增值税小规模纳税人，免征增值税。

（2）对小型微利企业年应纳税所得额不超过100万元的部分，减按25%计入应纳税所得额，按20%的税率缴纳企业所得税；对年应纳税所得额超过100万元但不超过300万元的部分，减按50%计入应纳税所得额，按20%的税率缴纳企业所得税。

所以，在这种情况下，可采用转让定价策略，把一部分利润留在税率较低的惠民股份公司总部。

（二）汇总纳税筹划企业所得税

《财政部、国家税务总局关于连锁经营企业有关税收问题的通知》（财税〔2003〕号）规定：

（1）在省、自治区、直辖市、计划单列市内跨区域经营的统一核算的连锁企业，需要实行由总机构向其所在地主管税务机关统一申报缴纳增值税的，按照财政部、国家税务总局《关于连锁经营企业增值税纳税地点问题的通知》（财税字〔1997〕97 号）的有关规定办理。

（2）对内资连锁企业省内跨区域设立的直营门店，凡在总部领导下统一经营、与总部微机联网、并由总部实行统一采购配送、统一核算、统一规范化管理，并且不设银行结算账户、不编制财务报表和账簿的，由总部向其所在地主管税务机关统一缴纳企业所得税。

对从事跨区域连锁经营的外商投资企业，由总机构向其所在地主管税务机关统一缴纳企业所得税。

《企业所得税法》规定，企业所得税的纳税人是具有独立法人资格的法人组织或机构，因此，分公司性质的连锁店不再独立缴纳企业所得税，可以和总部汇总纳税。

七、关店的税收筹划

（一）迁移变更代替“旧店注销新店注册”

连锁零售企业关闭分店，如果并没有决心退出该城市，仍有可能开设新店，则应当保留营业执照等证照，并不马上办理注销手续，保留分店空壳。待新店选址后，再将空壳分店的证照办理地址迁移变更和名称变更，则可避免新店注册等手续，节约时间和成本。

当然，如果一定要退出某区（县）的零售业，则关店注销不可避免，必须尽快办理税务登记注销手续。

（二）注销时增值税的筹划

关店时注销税务登记需要经过税务局的检查程序。在关店税务清算时要注意有关增值税问题。

（1）大额留抵损失。首先确定分店注销前是否存在大额期末留抵进项税，若存在的话，分店税务注销后这些进项税就成为不能收回的损失。基本对策是可以考虑退货，但应该提前就做准备，而不能拖到马上要关店时才处理。

（2）库存的处理。当关店时有较大金额的库存商品，税务局必然要求企业在收回该库存时按照销售计提销项税，这样就会出现分店需支付大笔增值税款，而接受库存的总机构或者其他分店则须接受大额增值税进项发票。这时特别注意的是先不要到税务机关取消一般纳税人资格，否则当税务要求补提大额销项税额时却已经无法向总机构或其他分店开具增值税发票，从而造成巨大税收损失。

（三）注销时企业所得税的筹划

零售分店如果独立核算，可能被认定为所得税纳税人，关店注销时要经过所得税清算程序。如果分店清算后亏损，则关店形成的全部损失，应当比照投资损失，允许在总机构的纳税申报表中申报扣除；如果分店清算后有盈利，则需要独立缴纳企业所得税。当然，在有盈利的情况下，尽量做好拟注销分店的利润转移。

（四）关店的若干税收对策

（1）制订详细的关店计划。分店提前将关店计划通知财务部门，财务部门制订严谨周密的关店财务安排。

（2）财务部应该提前考虑库存的处理。退货或者开票转售都可以解决库存问题。一定要避免在关店时还存在大量的库存等待处理。

（3）先处理完增值税遗留问题才能注销一般纳税人资格。

（4）尽量使要关闭的分店形成巨额亏损，亏损由总机构利润进行弥补。一般形成分店亏损有很多办法，比如打折销售、增加店面广告费、人工费以及其他开支等。

其实，对于分店，也可以考虑不关，而是作为一个中转仓库对待。这样一方面可以不进行关店清算，避免许多意想不到的税收；另一方面还可以继续利用拟关闭的分店增加费用、成本开支，拉平其他同地区分店的利润水平。当然，这时需要测算一下分店的定期损益大小，如果每月亏损过多，则需要考虑关店。

八、理想增值税税负率与企业所得税筹划

税负率是影响企业纳税的重要因素。我们通过实际税负率与目标税负率的差分析企业纳税情况，并给出改进措施。

（一）增值税税负率测算与比较

理想增值税税负率＝应纳增值税额/不含税零售净收入

＝（增值额/不含税零售净收入）×税率

＝（进销差价率－水电物料费率）×税率

=（进销差价率×商品加权平均税率－水电物料费率×水电物料平均税率）×税率

实际增值税税负率=（销项税额－进项税额+进项转出）/不含税零售净收入

增值税税负率差=实际增值税税负率－理想增值税税负率

理想增值税税负率与实际增值税税负率之间的差额主要由以下原因造成。

（1）水电物料的进项抵扣。

（2）跨区移送货物，开票与抵扣有时间差。

（3）销售与采购不均衡。

（4）不当的进项税转出。

（5）其他会计及纳税申报错误。

（二）企业所得税负担的降低

降低企业所得税的筹划方法是足额扣除，尽量降低应纳税所得额。主要筹划策略是增加扣除项目金额。

扣除项目分为成本、费用、税金和损失，最重要的可控项目是费用项目。

1. 工资薪金

《企业所得税法》及其实施条例规定，合理的工资薪金允许据实税前扣除。

合理工资薪金是指企业按照股东大会、董事会、薪酬委员会或相关管理机构制订的工资薪金制度规定实际发放给员工的工资薪金。合理工资、薪金一般还符合经营常规，能随着市场的变化而变化。对国有控股等垄断企业的管理者和雇员利用垄断地位，或者私人控股企业的股东和在企业任职的直系亲属利用工资与股息分配存在税负差别支出不合理工资避税，税务机关有权对不符合行业合理水平及明显不合理的工资扣除进行调整。

《国家税务总局关于企业工资薪金及职工福利费扣除问题的通知》（国税函〔2009〕3号）还进一步规定，税务机关在对工资薪金进行合理性确认时，可按以下原则掌握。

（1）企业制订了较为规范的员工工资薪金制度。

（2）企业所制订的工资薪金制度符合行业及地区水平。

（3）企业在一定时期所发放的工资薪金是相对固定的，工资薪金的调整是有序进行的。

（4）企业对实际发放的工资薪金，已依法履行了代扣代缴个人所得税义务。

（5）有关工资薪金的安排，不以减少或逃避税款为目的。

2. 广告宣传费

企业不再区分广告费与业务宣传费，两者合并称为广告宣传费，其最高限额不超过销售（营业）收入的15%。

3. 业务招待费

业务招待费按照实际发生额的60%扣除，但最高不超过销售（营业）收入的5‰。

4. 公益性捐赠

企业所发生的公益性捐赠，最高扣除限额为利润总额的12%。

5. “五险一金”、补充养老保险、补充医疗保险

税法规定，法定部分允许税前扣除。

6. 职工福利费、工会经费、职工教育经费

职工福利费、工会经费和职工教育经费扣除限额分别是工资总额的14%、2%、2.5%。这里计算扣除限额的工资薪金总额是指企业实际发放的工资薪金总和，不包括企业的职工福利费、职工教育经费、工会经费以及养老保险费、医疗保险费、失业保险费、工伤保险费、生育保险费等社会保险费和住房公积金。属于国有性质的企业，其工资薪金，不得超过政府有关部门给予的限定数额；超过部分，不得计入企业工资薪金总额，也不得在计算企业应纳税所得额时扣除。

7. 劳动保护支出

凡是合理的劳动保护支出，都允许税前扣除。劳动保护支出具体指确因特殊工作环境需要为雇员配备或提供工作服、手套、安全保护用品、防暑降温用品等支出。

8. 经营租赁费

企业发生的真实的经营租赁费允许在税前均匀扣除。

九、设立物流配送公司的筹划

（一）惠民公司机构现状

惠民公司下辖7家子公司，分别为北京惠民商贸有限公司、湖南惠民商贸有限公司、山东惠民商贸有限公司、浙江惠民商贸有限公司、辽宁惠民商贸有限公司、青岛惠民商贸有限公司、成都惠民商贸有限公司，各子公司都分别拥有分店5～8家，华东地区还设有一个仓库。惠民公司还拥有海南、温州和西安3家分公司。对于上述公司的商品采购、物流配送等方面，还存在各种各样的问题。如目前采购中心的商品配送价格、费用分摊、配送模式欠顺畅，顾客服务中心的维修收入还存在界定不清问题，同时还涉及外区维修、安装收入的缴税问题等。我们建议惠民公司进行机构调整，成立新的公司完善各项业务操作，相应降低其整体税收负担。

（二）设立物流配送公司的筹划

物流配送既包括货物从供应商仓库到零售企业的配送中心的周转仓库，再从配

送中心周转仓库分配运至各子公司、连锁店的物流方式（简称配送），也包括货物从供应商直达各分店的物流方式（简称直送）。随着零售企业配送中心物流功能的扩展，还可以为其他企业或客户开展第三方物流。

物流配送服务，从流转的角度，可以分解为货物仓储、分拣、运输、装卸、搬移等服务。按现行税收政策，以上服务均属于增值税课税范围。从事交通运输企业或物流配送企业，所从事的交通运输劳务按照11%的税率缴纳增值税，且允许抵扣进项税额。物流辅助服务包括航空服务、港口码头服务、货运客运场站服务、打捞救助服务、货物运输代理服务、代理报关服务、仓储服务和装卸搬运服务等，按照6%的税率缴纳增值税。所以，物流配送业务需要分开核算不同税率的业务，从而可以享受分别按不同税率纳税的好处。

如果将零售企业的配送业务独立核算，其中的运输、装卸、搬运收入可以按照物流辅助服务6%的税率纳税，同时还可以按照运费的11%计算抵扣增值税。对于零售企业来说，可以通过一定的税收安排来减轻供应链的税负。关于物流配送企业的税收政策，请参照《国务院办公厅关于促进物流业健康发展政策措施的意见》（国办发〔2011〕38号）和《财政部　国家税务总局关于企业改制过程中有关印花税政策的通知》。

综合上述税收政策，我们建议惠民公司合理规划，成立一家物流配送公司，专司物流配送业务。这对惠民公司的业务拓展和长期战略发展大有裨益。

《惠民连锁股份公司纳税风险报告》

一、惠民连锁股份公司调研情况

我们对惠民连锁股份公司的会计与纳税业务进行为期一周的调研。通过实地调研及访谈，接触各个部门、各个岗位核心业务骨干达数十人，对惠民连锁股份公司的基本情况有所深入了解，这对我们后期的纳税风险控制和税收筹划大有裨益。

（一）税收政策概况

惠民连锁股份公司涉及的税收政策主要有以下方面。

（1）对月销售额10万元以下（含本数）的增值税小规模纳税人，免征增值税。

（2）对小型微利企业年应纳税所得额不超过100万元的部分，减按25%计入应纳税所得额，按20%的税率缴纳企业所得税；对年应纳税所得额超过100万元但不超过300万元的部分，减按50%计入应纳税所得额，按20%的税率缴纳企业所得税。

（二）整体税负率的统计分析

惠民连锁股份公司2011年、2012年、2013年分别实现零售净收入148000万元、170000万元、200000万元。

惠民连锁股份公司主要缴纳增值税与企业所得税，2011年实现税收总额为2600万元，其中增值税为1338万元，占税收总额的51.46%，增值税税负率为9.04%；实现企业所得税750万元，占税收总额的28.85%。

惠民连锁股份公司2012年实现总税收为3800万元，其中增值税为1860万元，占总税收额的48.95%，增值税税负率为1.09%；实现企业所得税1400元，占总税收额的36.84%。

惠民连锁股份公司2013年实现税收总额为4000万元，其中增值税为2200万元，占税收总额的55.00%，增值税税负率为1.10%；实现企业所得税1500万元，占税收总额的37.50%。

从上述税收统计数据分析可知，增值税负担率逐年增长，即由2011年的0.94%升至2013年的1.10%。企业所得税负担从总体趋势来看比重也不断增长，但基本在正常范围。

二、惠民连锁股份公司纳税风险检测与分析

（一）总部与子公司、分公司之间移库问题

惠民连锁股份公司外区店的商品调拨采用统一调拨方式，每日销售大件商品均由顾客服务中心统一配送（主要因外区店销量较小，不宜在当地设仓库）。外区店都有自己的维修、配送系统。为外区店统一配送的商品有时达到180天还未实现销售。关于此问题，我们认为存在较大的税务风险。

《国家税务总局关于企业所属机构间移送货物征收增值税问题的通知》（国税发〔1998〕137号）对上述实行统一核算的企业所属机构间移送货物的纳税问题明确如下：《中华人民共和国增值税暂行条例实施细则》第四条视同销售货物行为的第（三）项所称的用于销售，是指受货机构发生以下情形之一的经营行为：①向购货方开具发票；②向购货方收取货款。受货机构的货物移送行为有上述两项情形之一的，应当向所在地税务机关缴纳增值税；未发生上述两项情形的，则应由总机构统一缴纳增值税。如果受货机构只就部分货物向购买方开具发票或收取货款，则应当区别不同情况计算并分别向总机构所在地或分支机构所在地缴纳税款。

但对于惠民连锁股份公司来说，不能采用此项政策。因多数统一配送到各分支机构的商品在移送时并未实现销售，须待到分支机构（外区分店或子公司）真正实现对外销售才能实现。所以，这种情形可视为委托代销处理，合理推迟纳税时间。

（二）转让定价问题

对于转让定价问题，即惠民连锁股份公司移送给各分店的商品按照购进价格确认收入。这一处理不合常规，在一定程度上违背了转让定价原则，极易被税务机关认定为转让定价明显偏低，存在一定程度的税务风险。我们认为可以有以下两种处理思路。

方案一：完善合同进行合理性解释或说明。

为了说明转让定价问题，惠民连锁股份公司与其子公司、分公司各签订一份合同——代销商品合同。合同中约定：具体结算价格按照供应商实际供货价格，若供应商有折扣或返利的，则也按供应商折扣后的价格结算。

在合同中约定委托代销的一揽子协议条款，包括其子公司、分公司帮助惠民股份公司服务客户、开展促销活动等。并强调惠民连锁股份公司采取统一采购模式，在一定区域范围内执行统一物流配送。

方案二：税务机关一定要调整价格。

若税务机关一定要调整惠民股份公司转让价格，则惠民连锁股份公司在计算实际平均毛利率进行解释说明时，避免被按照10%的利润率调整价格，应争取按照尽可能低的平均毛利率调整价格补税。但这需要惠民连锁股份公司有相应证据——毛利率相关的财务数据资料。

（三）维修服务及相关收入的处理问题

惠民维修公司负责商品的安装和维修，是惠民连锁股份公司的子公司，属于增值税一般纳税人。我们调查取证中得知其安装收入分为材料收入和劳务收入，其中：①收取顾客的材料费计入主营业务收入，收取顾客的人工费计入其他业务收入，由地税代开服务费发票。②收取经销商的安装费计入其他业务收入，应收供应商的维修费计入主营业务收入，如洗衣机、电脑等产品均按此处理。党中央、国务院，根据经济社会发展新形势，从深化改革的总体部署出发做出的重要决策设置营业税改征增值税，目的是加快财税体制改革，进一步减轻企业负税，调动各方积极性，促进服务业尤其是科技等高端服务业的发展，促进产业和消费升级，培育新动能，深化供给侧结构性改革。

（四）维修业务所涉及的零星采购问题

维修业务需要到市场上采购配件，大多没有发票，月采购量为40万元左右。目前的处理方法是直接将付款额或收据金额作为进货价格，计入“主营业务成本”，存在凭证不合法且凭证与账簿记录不一致的现象，存在一定的财税操作风险。

（五）促销赠品发票问题

惠民连锁股份公司在对外销售过程中有促销活动，其所涉及的赠品应该如何处理？

例如，销售笔记本电脑配送电脑包是厂家的赠送行为，而厂家将赠品的费用以现金形式付给惠民连锁股份公司，惠民连锁股份公司则购买自己的电脑包作为赠品。目前惠民连锁股份公司的做法：电脑包由自己的零售店提供，在赠送时由零售店统一开具增值税专用发票，由于是赠品，不需给客户提供该电脑包发票，由惠民连锁股份公司自己入账。相当于自己给自己开发票，且将该发票再进入自己的账簿记录。此举不妥，合理但不合法，存在一定的税务风险。

除上述赠品外，零售企业将卖场的库存商品改变为自用或其他活动使用，既不需要进行进项税转出，也不应该按视同销售处理，正确的做法是直接从库存商品的贷方按不含税成本转入管理费用、营业费用等账户的借方。惠民连锁股份公司将卖场提出的货物也经过销售系统，并计入“主营业务收入”，同时计提销项税额，这是错误的，不仅虚夸了经营收入，也增加了增值税负担。因此，自用提货不需经过销售系统，应直接调减系统库存。

（六）储值卡（会员卡）与购物券问题

惠民连锁股份公司对储值卡（会员卡）或赠券行为的财税操作方法如下。

1. 会员卡

惠民连锁股份公司会员卡有钻石卡、金卡、银卡、普通卡四种。根据《惠民会员制章程》规定，银卡会员享受无单保修和30日退换货优惠，金卡会员享受折扣，家电9折。会员享受的折扣直接在销售时减计销售收入，会员卡不存在税务风险。

2. 赠券行为

赠券行为属于一种促销手段，也应当按照折价销售处理，而不是分解为销售和现金捐赠两项业务进行税务处理，所以赠券基本没有税务风险。

3. 储值卡

储值卡主要是购货单位给员工发放福利的购物卡，其基本操作如下：企业或顾客（持卡人）先将一定金额的货币存入卡中，惠民连锁股份公司收到缴来的钱时先确认为预收款，待顾客消费时转作收入。

储值卡在零售业一般有两种情形：一是零售企业先垫付资金，按面值在银行购卡后再出售给消费者，收取的款项冲减往来账，消费者消费后由银行划转，此种方式其纳税时间在货物销售环节。二是零售企业自制购物卡出售给消费者，收取的款项存入银行，此种方式其纳税时间在售卡环节。此种方式并不为税务机关所认同，许多地方都予以禁止。因此，储值卡存在一定程度的税务风险。

（七）办公用品及货架的进项税问题

办公用品（如纸张、计算器、电源插座等）的进项税额允许抵扣，但必须满足两个条件：一是单位价值在2000元以下；二是使用年限不超过2年。

如果办公用品属于价值较大的设备，如空调、电视机等属于固定资产的项目，则其购买中的进项税额不允许抵扣，必须计入固定资产成本。如果该办公用价值较大的设备是卖场销售的商品，则应按照购进成本进行进项税额转出处理。对于货架，应该属于固定资产范畴，其进项税额不允许抵扣。

（八）供应商返利问题

惠民连锁股份公司返利问题的处理模式如下：①将部分供应商的销售返利作为促销费，计入“其他业务收入”；②部分供应商采用折扣低开票的方式返利，或以折扣、折让形式体现；③向一些厂家（供应商）收取店中店的费用，该费用可用为改装商场，为厂家（供应商）提供一定的营销空间。

销售返利作为促销费或者商场改装费，都存在一定程度的税务风险。还有一些变相处理销售返利的办法，都可能给企业带来不同程度的税务风险。

［政策依据］

《财政部关于实施修订后的〈企业财务通则〉有关问题的通知》（财企〔2007〕48 号）

《财政部　国家税务总局关于增值税若干政策的通知》（财税〔2005〕165 号）

《财政部　国家税务总局关于连锁经营企业增值税纳税地点问题的通知》（财税〔1997〕97 号）。

《国家税务总局关于沃尔玛商业咨询（深圳）有限公司向供应商收取费用征税问题的批复》（国税函〔2000〕550 号）

《财政部　国家税务总局关于连锁经营企业有关税收问题的通知》（财税〔2003〕1 号）

《国家税务总局关于商业企业向货物供应方收取的部分费用征收流转税问题的通知》（国税发〔2004〕136 号）

《财政部　国家税务总局关于企业促销展业赠送礼品有关个人所得税问题的通知》（财税〔2011〕50 号）

第四节　A 公司并购 B 公司税收筹划案例分析

一、案例背景

（一）A 公司概况

A 公司是农业产业化重点企业，是省级重点培养的饲料企业，公司一直保持着高速的发展趋势。目前，A 公司已被行业内其他企业认定为是最具有竞争力的农副企业集团之一，发展空间广阔。A 公司的经营业务大体上分为饲料业务模块、原料贸易模块、屠宰加工模块以及其他相关业务板块，其主要经营业务为饲料，占总营业收入的 70% 以上。A 公司在全国一些重点畜禽养殖区设置分公司、子公司和其他分支机构进行生产和销售。

（二）B 公司概况

B 公司是一家发展较好的饲料公司，但由于公司规模与同行业相比相对较小，业务相对单一，因此在同行业的竞争中其竞争力明显不足。

2017 年 B 公司决定扩大生产规模，但在购置新的生产设备后，公司的业务并没有很大改善，这就使得公司所付出的生产成本过高，资金相对不足，为了扩大公司所占市场份额，该公司采用了降价销售的方式，但销量依旧无法改善。同时又存在大量的外债需要偿付，直接导致公司的亏损增多，资不抵债。

（三）A 公司并购动因

我国是农业大国，饲料类行业是中国农业产业化的支柱产业，饲料业的稳步发展，必将推动我国生物工程行业、饲料机械产业、物流业和养殖业的更好更快发展。因此，市场需求在很长一段时间内将会非常旺盛，国家必将给予大力支持。A 公司经过几年的经营已经实现了一定的资本积累，而 B 公司由于自身发展存在问题，已经资不抵债，现阶段凭借自己的力量挽回损失已然十分困难，对于 B 公司而言，并购重组是较好的选择。B 公司虽然现阶段属于亏损，但是却拥有良好的品牌形象和符合市场所需的质量要求，并购后 A 公司可以利用 B 公司的技术资源进一步优化自己的产品，抢占市场份额。

二、A 公司并购中可供选择的支付方式

不同的支付方式所带来的节税利益不同，因此要根据企业的具体情况，选择对企业自身最有利的支付方式，获取最大的利益。主要方式包括现金支付、股权支付、承担债务、发行债券以及综合证券支付。

（一）现金支付并购

A 公司如果采取通过现金并购的方式并购 B 公司，其优点主要体现在以下三个方面。其一，由于是现金支付并购，就会对 B 公司的固定资产等重新进行估值，在一般情况下，固定资产的公允价值都会有所增长，这样就产生了资产的增值，而固定资产需要进行折旧，那么增值的部分就会重新计提折旧，而这一部分缴纳的所得税就会从以后年度的所得税中扣除，从而获得节税利益。其二，现金支付并购的形式，不涉及公司股权结构的变动，就不会分散股权。其三，采用现金支付并购的方式，会使得并购的过程相对迅速，所需的时间较短。

（二）股权支付并购

股权并购主要有两种形式：一是 A 公司用自己的普通股换取 B 公司股东手里的股票，取得对 B 公司的控制权；二是 A 公司通过对 B 公司资产的估值，得到 B 公司资产的公允价值，用本公司与其资产等值的股票进行交换获得其全部资产，承担其全部责任，这样 B 公司就成为 A 公司的新股东，享有 A 公司的权益。

（三）承担债务并购

当被并购目标公司存在较严重的债务问题时，会建议并购方公司采取此种并购方式，也就是A公司通过承担B公司全部负债的形式进行并购，取得B公司的所有权和控制权。

（四）发行债券并购

如果通过发行可转换债券并购目标公司，对于并购方公司而言，就可以在资金上减轻公司的负担，而对于被并购公司而言，此种方式进行并购可以延迟现金入账，推迟了缴纳公司资本收益所得税的时间，获得了这部分税款的时间价值。B公司可以根据公司的财务情况需要确定债券的到期时间和付息方式等，具有较强的灵活性。

（五）综合证券支付并购

综合证券支付并购是目前应用最广泛的一种，因为该种方式结合了各个并购方式单独使用时的优势，能够综合起来为企业创造最大的利益。但我国直接融资市场起步较晚，融资渠道较少，而间接融资市场受政府行为约束较大，这些都导致我国企业在选择支付方式时很少考虑此种方式。

三、并购重组税收筹划方案分析

（一）现金并购的税收筹划方案

（1）现金并购方案成本。在该方案中，A公司对B公司资产进行了重新估值。B公司的房屋建筑物和生产设备评估后的公允价值为4978万元，B公司评估后的资产总额约为6574万元，负债总额为6802万元，二者相差约228万元。在现金并购方案中，A公司通过支付现金4978万元收购B公司的房屋建筑物、生产设备以及土地使用权，B公司向A公司约定不会再使用其原有品牌从事任何生产经营活动，随后宣告破产。

假设A公司采用负债融资的方式来筹集资金。A公司取得五年期对外借款融资4978万元，利率6%，该笔借款可取得的节税利益为314.51万元。综上所述，以现金支付的方式对B公司进行并购的并购成本：4835.81＋511.56＋314.51＋112.9＝5774.78（万元）。

（2）现金并购方案的税收筹划分析。在该现金并购方案中，A公司的行为属于用货币性资产购买B公司的非货币性资产。B公司需要缴纳增值税、城建税和教育附加、土地增值税以及所得税。

已知在并购前，A公司对B公司的资产估值情况如下：

B公司的房屋建筑物和生产设备原值分别为1177.51万元和3076.39万元，评估后的公允价值分别为1471.89万元和3506.52万元，评估后增值额分别为294.38万元和430.14万元。并购双方的总税负70.13+248.92+31.91+66.24+94.36=511.56（万元）。在现金并购的过程中，A公司对B公司的资产进行了重新评估，因此B公司固定资产所产生的增值额就可以产生节税利益，在缴纳所得税时得以抵扣。

（二）现金与股权并购相结合的税收筹划方案

（1）现金与股权并购相结合的方案成本。该方案采用现金与股权并购相结合的方式。A公司以所有者权益总额的9%相当于价值4270.77（47452.98×9%）万元的股权以及707.23（4978－4270.77）万元现金收购B公司的房屋建筑物和生产设备，同时B公司向A公司约定不会再用其原有品牌从事任何生产经营活动，并宣告破产。

同样以未来5年作为参考，由于A公司的净利润是以平均每年7.51%的比率增长的，因此未来5年的净利润分别为5649.50万元、6073.78万元、6529.92万元、7020.32万元、7547.55万元。A公司提取法定盈余公积和任意盈余公积金的比例为20%，并且A公司对股东支付股利所占份额为40%，则支付给B公司的股利总和为789.66万元。综合来看，现金与股权相结合方案的并购成本为6147.77万元。同时，由于股权并购后影响A公司的股权资本结构，所以该方案实施起来比较复杂。

（2）现金与股权并购相结合方案的税收筹划分析。从税收成本角度来看，方案二属于用股权置换资产的行为，被并购方B公司可以不缴纳所得税，其他应缴纳相关税费共计417.20万元。根据我国税法相关规定，被合并企业以前年度的亏损，如果未超过法定弥补期限，可由合并企业继续按照规定用以后年度实现的与被合并企业资产相关的所得弥补。因此，该方案中由于A公司以4270.77万元的股权以及707.23万元现金收购B公司的房屋建筑和生产设备，其中非股权支付额，也就是A公司所支付的现金707.23万元占股支付额4270.77的比例为16.56%，符合规定的免收所得税的条件，因此在并购过程中B公司的所得税是可以减免的。另外A公司可以利用B公司的连续亏损额，在并购后进行亏损额度免税抵免，也就是由于B公司连续两年亏损，可根据比例在并购后的5年之内进行亏损额的税前抵扣，取得节税利益。

第一年可抵扣的限额为5649.50×6574.32÷71570.21=518.95（万元），远大于157.29（万元），所以157.29万元可全部抵免，所以亏损抵免取得的节税利益157.29×25%=39.32（万元），节税利益的现值39.32÷（1+6%）=37.09（万元）。

（三）承担债务方式并购的税收筹划方案

（1）承担债务方式并购的成本。本方案采取的是A公司以承担全部债务的方式并购 B 公司，属于并购股权行为。该种方式最大的优势在于实际税负为零，并且与股权并购方式中亏损抵免的计算方式相同，该方式同样可以享受亏损抵免带来的利益。但是该方案会使 A 公司面临其他方案所没有的风险，也就是要承担 B 公司大量的债务，这些负债很可能改变 A 公司的资产结构，使 A 公司在以后的经营中遇到风险。

综上所述，采用方案三的并购成本为 6026.46 万元（包括偿债 6172.32 万元，扣除利息节税 108.77 万元和亏损抵免节税 37.09 万元）。

（2）承担债务方案的税收筹划分析。B 公司资产总额为 6574.30 万元，负债总额为 6172.32 万元，根据国税发相关规定，如被合并企业的净资产几乎为零，合并企业以承担被合并企业全部债务的方式实现吸收合并不计算资产的转让所得。合并企业接受被合并企业全部资产的成本，须以被合并企业原账面价值为基础确定。

本案例中，B 企业连续两年亏损 157.29 万元，假设 A 公司税前利润按 7.51% 的比例增长，则 13 年 A 公司的净利润为 5649.50 万元，则第一年可抵扣的限额为 5649.50 × 6574.32 ÷ 71570.21 = 518.95（万元），所以亏损抵免取得的节税利益为 157.29 × 25% = 39.32（万元），节税利益的现值为 39.32/（1 + 6%） = 37.09（万元）。

然而 A 公司并购 B 公司后，要偿还 B 公司所欠债务，而这些债务中有一部分需要缴纳利息。其中包括短期借款 1047.33 万元、一年内到期长期借款 391.87 万元和长期借款 1597.40 万元。

（四）三种方案对比

综合上述计算分析，三种方案中，承担债务方式并购虽然税负为零，但是需要承担 B 公司大量不必要的债务，一旦采用，不利于 A 企业的后续发展；股权并购与现金并购结合的方案所纳税额小于现金并购，但是存在较大数额的 B 公司股东股利分配，二者相比较后该方案所节省的金额还是少于多出的支付额，且很容易稀释原有股东的股权，对于公司的控制权会有相应的减弱，并且并购成本也大于现金并购方案，因此比较而言，现金并购是三个方案中最为可行的，并且采用负债融资的方式支付，降低了企业存在资金周转风险的可能性。

［政策依据］

《国家税务总局关于印发〈营业税问题解答（之一）〉的通知》（国税函〔1995〕156 号）

《财政部 国家税务总局关于股权转让有关营业税问题的通知》（财税〔2002〕191 号）

参考文献

［1］S. P. 科塔里，等. 当代会计研究：综述与评论［M］. 辛宁，译. 北京：中国人民大学出版社，2009.

［2］迈伦·斯科尔斯，马克·沃尔夫森. 高管商学院：税收与企业战略［M］. 张雁翎，译. 北京：中国劳动社会保障出版社，2004.

［3］萨莉·M·琼斯，谢利·C·罗兹－卡塔纳奇. 税收筹划原理：经营和投资规划的税收原则［M］.11版. 梁云凤，译. 北京：中国人民大学出版社，2008.

［4］萨利·琼斯，谢利·罗兹－盖特那奇. 高级税收战略［M］.4版. 梁云凤，译. 北京：人民邮电出版社，2010.

［5］蔡昌. 税收筹划八大规律［M］. 北京：中国财政经济出版社，2005.

［6］蔡昌. 契约视角的税收筹划研究［M］. 北京：中国财政经济出版社，2008.

［7］蔡昌. 税收筹划实战［M］. 2版. 北京：机械工业出版社，2013.

［8］蔡昌. 税收信用论：基于产权与税收契约视角［M］. 北京：清华大学出版社，2014.

［9］盖地. 税务筹划学［M］. 4版. 北京：中国人民大学出版社，2015.

［10］盖地，等. 税务筹划理论研究：多角度透视［M］. 北京：中国人民大学出版社，2013.